职业教育改革创新示范教材

Qiche Fadongji Lishi Yitihua Jiaocai
汽车发动机理实一体化教材

（中级工·第二版）

羌春晓 主 编

耿 彪 邹明珠 副主编

陈锡良 主 审

人民交通出版社股份有限公司
China Communications Press Co.,Ltd.

内容提要

本书是职业教育改革创新示范教材,主要内容包括:发动机总体构造认识,曲柄连杆机构的构造与维护,配气机构的检查、更换及调整,润滑系统的构造与维护,冷却系统的构造与维护;燃料供给系统的构造与维护,点火系统的检查、更换与调整和发动机电控系统的构造与维护。

本书为中等职业院校及技工学校汽车运用与维修专业的教材。

图书在版编目(CIP)数据

汽车发动机理实一体化教材:中级工 / 羌春晓主编. —2版. —北京:人民交通出版社股份有限公司, 2018.1

ISBN 978-7-114-14377-9

Ⅰ.①汽… Ⅱ.①羌… Ⅲ.①汽车—发动机—教材 Ⅳ.①U464

中国版本图书馆CIP数据核字(2017)第302814号

职业教育改革创新示范教材

书　　名:	汽车发动机理实一体化教材(中级工·第二版)
著 作 者:	羌春晓
责任编辑:	戴慧莉
出版发行:	人民交通出版社股份有限公司
地　　址:	(100011)北京市朝阳区安定门外外馆斜街3号
网　　址:	http://www.ccpress.com.cn
销售电话:	(010)59757973
总 经 销:	人民交通出版社股份有限公司发行部
经　　销:	各地新华书店
印　　刷:	北京市密东印刷有限公司
开　　本:	787×1092　1/16
印　　张:	8.25
字　　数:	142千
版　　次:	2011年8月　第1版
	2018年1月　第2版
印　　次:	2018年1月　第2版　第1次印刷　总第5次印刷
书　　号:	ISBN 978-7-114-14377-9
定　　价:	21.00元

(有印刷、装订质量问题的图书由本公司负责调换)

第二版前言

随着经济社会和汽车技术的飞速发展，肩负着为社会和用人单位培养高技能人才的职业院校应不断深化教学改革，创新教学模式，努力提高教学质量。而理顺课程体系，抓好教材建设，是提高教学质量的一项重要工作。作为主要培养汽车运用与维修领域高技能人才的汽车学校，有责任和义务在教材建设方面发挥重要作用。为此，组织相关老师，根据国家劳动和社会保障部颁发的《汽车修理工国家职业标准》《职业技能鉴定规范》及全国高级技工学校汽车类专业"教学计划与大纲"的要求，按汽车修理工（中级工、高级工、技师）培养目标要求组织编写了本套教材。

一、主要特点

本教材自2011年第一版出版以来，受到主管单位、教学单位和学生的好评，是2013年教育部"中等职业教育改革创新示范教材"。

第一版教材在编写时考虑使用对象为中等职业学校学生，以理论够用、注重实操为原则，把理论知识和实践技能进行整合。采用基于工作过程的课程开发方法，项目教学。选用车型为当时市场占有率比较高的桑塔纳时代超人。

随着汽车技术的发展和时间推移，以上情况发生了改变，特别是全国技能大赛在车型选择上从原来的丰田车改为了通用雪佛兰科鲁兹，因此学校教学迫切希望使用以科鲁兹车型为代表的发动机教材。同时，一些学校基于多方面考虑，教学设备也纷纷选择科鲁兹车型。在这样的情况下，编者考虑在第二版教材编写时使用科鲁兹轿车为代表车型。

在教材的编写过程中，编者利用在全国技能大赛中积累的经验，全部以实车和实物台架作为教材编写的操作对象，进行实车拆装和检测，对教学活动有积极的指导意义。

二、教学建议

（1）本课程以项目为导向，以理实一体化的形式组织课程教学，实现"车间即课堂，教师做中教，学生做中学"。通过本课程的教学，学生能够根据实际需求，按照技术要求完成发动机的检查维护作业，可以直接上岗。

（2）实训安排有独立学习和合作学习两种形式。独立学习为学生提供广阔的思维空间，合作学习培养学生团结协作精神，通过角色的转换，让学生体验职业情境。

（3）合作学习可采用工艺化教学方法，每4名学生为一组，按照1、2、3、4进行编号，1号负责拆装，2号负责辅助1号作业工作（如固定等），3号负责传递工具、零件等，4号负责清洁、润滑、安全工作等。操作完一遍后4名学生工位变换。每台发动机台架安排一组学生操作，可同时开设6~8组。学生操作时，教师进行巡回指导，适时下达操作指令。对于原则性的错误应及时指出并纠正。非原则性错误可由学生自己体会，相互纠正。

本教材由江苏省无锡汽车工程中等专业学校羌春晓担任主编，耿彪和邹明珠担任副主编。具体编写分工如下：邹明珠编写项目一和项目三，羌春晓编写项目二，胡昊编写项目四和项目五，唐介军编写项目六，耿彪编写项目七，王勇编写项目八。全书由羌春晓统稿，由陈锡良担任主审。再次衷心感谢朱军老师对教材编写的大力支持和帮助。

本书在编写过程中，参阅了大量的相关文献，在此，编者对相关作者表示真诚的谢意。

由于编者水平有限，不妥之处在所难免，恳请读者批评指正。

编　者
2017年9月

目 录

项目一 发动机总体构造认识 ……………………………………………… 1

　　任务1　发动机总体构造 ………………………………………… 3
　　任务2　发动机基本工作原理 …………………………………… 8

项目二 曲柄连杆机构的构造与维护 …………………………………… 11

　　任务1　曲柄连杆机构的认知 …………………………………… 14
　　任务2　曲柄连杆机构的拆装 …………………………………… 19
　　任务3　汽缸磨损的检查 ………………………………………… 23

项目三 配气机构的检查、更换及调整 ………………………………… 29

　　任务1　配气机构的认知 ………………………………………… 31
　　任务2　传动带组的更换 ………………………………………… 36
　　任务3　正时齿形带的更换 ……………………………………… 38
　　任务4　气门间隙的检查 ………………………………………… 46

项目四 润滑系统的构造与维护 ………………………………………… 49

　　任务1　润滑系统的认知 ………………………………………… 51
　　任务2　润滑系统的拆卸 ………………………………………… 55
　　任务3　润滑系统的装配 ………………………………………… 58
　　任务4　机油的认识及机油液位的检查 ………………………… 60

项目五 冷却系统的构造与维护 ………………………………………… 63

　　任务1　冷却系统的认知 ………………………………………… 65
　　任务2　冷却液的排放 …………………………………………… 70
　　任务3　散热器、节温器、水泵的拆卸 ………………………… 72

项目六 燃料供给系统的构造与维护 ········· 75

- 任务1 燃料供给系统的认知 ········· 77
- 任务2 燃油滤清器的更换 ········· 82
- 任务3 燃料供给系统的清洗 ········· 85

项目七 点火系统的检查、更换与调整 ········· 89

- 任务1 点火系统的认知 ········· 91
- 任务2 火花塞的检查、清洁或更换 ········· 96

项目八 发动机电控系统的构造与维护 ········· 101

- 任务1 传感器、执行器的认知 ········· 103
- 任务2 传感器、执行器的更换 ········· 110
- 任务3 故障码的读取与清除 ········· 117
- 任务4 节气门的清洗 ········· 121

参考文献 ········· 125

项目一

发动机总体构造认识

 知识点

1. 发动机的分类及其基本结构；
2. 发动机的常用术语；
3. 了解四冲程发动机和二冲程发动机的工作原理。

 技能点

1. 对照发动机零件实物说出名称；
2. 了解发动机零件的安装位置。

 参考学时

4学时。

主要实训器材

科鲁兹发动机拆装台架

活塞连杆组零件

任务 1　发动机总体构造

一、汽车发动机的类型

发动机是汽车的动力源。迄今为止，除了为数不多的电动汽车外，汽车发动机都是热能动力装置，或简称热机。在热机中借助工质的状态变化将燃料燃烧产生的热能转变为机械能。

热机有内燃机和外燃机两种。直接以燃料燃烧所生成的燃烧产物为工质的热机为内燃机，反之则为外燃机。内燃机包括活塞式内燃机和燃气轮机。外燃机则包括蒸汽机、汽轮机和热气机等。内燃机与外燃机相比，具有结构紧凑、体积小、质量小和容易起动等许多优点。因此，内燃机尤其是活塞式内燃机被极其广泛地用作汽车动力。

活塞式内燃机可按不同方法进行分类。

（1）按活塞运动方式的不同，活塞式内燃机可分为往复活塞式和转子活塞式两种，如图1-1和图1-2所示。

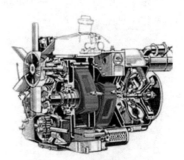

图1-2　转子活塞式发动机

（2）根据所用燃料种类，活塞式内燃机主要分为汽油机、柴油机和气体燃料发动机三类。以汽油和柴油为燃料的活塞式内燃机分别称为汽油机和柴油机。使用天然气、液化石油气和其他气体燃料的活塞式内燃机称为气体燃料发动机。

（3）按冷却方式的不同，活塞式内燃机分为水冷式和风冷式两种，如图1-3和图1-4所示。

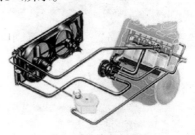

图1-3　水冷式发动机

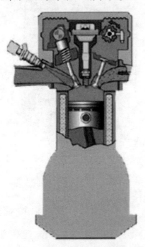

图1-1　往复活塞式发动机

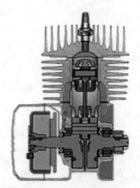

图1-4　风冷式发动机

（4）往复活塞式内燃机还按其在一个工作循环期间活塞往复运动的行程数进行分类。在一个工作循环中活塞往复四个行程的内燃机称为四冲程往复活塞式内燃机，而活塞往复两个行程便完成一个工作循环的则称为二冲程往复活塞式内燃机，如图1-5和图1-6所示。

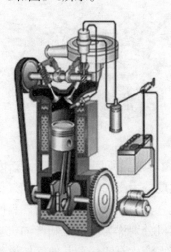

图1-5　四冲程发动机

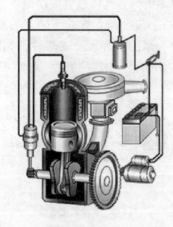

图1-6　二冲程发动机

（5）按汽缸数目分类可以分为单缸发动机和多缸发动机。仅有一个汽缸的发动机称为单缸发动机（图1-7）；有两个以上汽缸的发动机称为多缸发动机，如双缸、三缸、四缸、五缸、六缸、八缸、十二缸等。多缸发动机如图1-8所示。现代车用发动机多采用四缸、六缸、八缸发动机。

图1-7　单缸发动机

图1-8　多缸发动机

（6）内燃机按汽缸排列方式不同可以分为直列式、V型和对置式，如图1-9~图1-11所示。

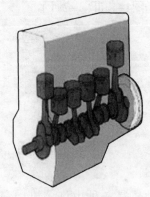

图1-9　直列式

目前，应用最广、数量最多的汽车发动机为水冷、四冲程往复活塞式内燃机，其中汽油机用于轿车和轻型客、货车上，而大客车和中、重型货车发动机多为柴油机。少数轿车和轻型客、货车发动机也有用柴油机的。以风冷或二冲程活塞式内燃机为动力的汽车为数不多，特别是从20世纪80年代起，在世界范围内，就不再有以二冲程活塞式内燃机为动力的轿车了。

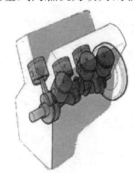

图1-10　V型

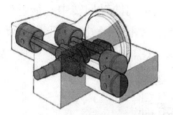

图1-11　对置式

上海桑塔纳2000系列轿车发动机为四冲程、四缸直列、自然吸气、火花塞点燃、二气门、电子控制喷射系统（2000GLi、2000GSi型）水冷式发动机。

上海桑塔纳2000GLi轿车的发动机为采用λ闭环控制的M1.5.4P版本电控多点汽油喷射系统的AFE型发动机，桑塔纳2000GSi轿车（时代超人）则采用M3.8.2版本电控多点汽油喷射系统的AJR型发动机。两种发动机在很多系统上的结构变化不大，通用零部件也较多。

二　发动机的基本构造

发动机是一种由许多机构和系统组成的复杂机器，无论是汽油机，还是柴油机；无论是四冲程发动机，还是二冲程发动机；无论是单缸发动机，还是多缸发动机，要完成能量转换，实现工作循环，保证长时间连续正常工作，都必须具备以下一些机构和系统。

汽油机由以下两大机构和五大系统组成，即由曲柄连杆机构、配气机构、燃料供给系统、润滑系统、冷却系统、点火系统和起动系统组成；柴油机由以上两大机构和四大系统组成，柴油机是压燃的，因此不需要点火系统。

1. 曲柄连杆机构

曲柄连杆机构是发动机实现工作循环，完成能量转换的主要运动零件。它由机体组、活塞连杆组和曲轴飞轮组等组成。如图1-12所示。

图1-12　曲柄连杆机构

2. 配气机构

配气机构的功用是根据发动机的工作顺序和工作过程，定时开启和关闭进气门和排气门，使可燃混合气或空气进入汽缸，并使废气从汽缸内排出，实现换气过程。配气机构如图1-13所示。

图1-13　配气机构

3 冷却系统

冷却系统的功用是将受热零件吸收的部分热量及时散发出去，保证发动机在最适宜的温度状态下工作。水冷发动机的冷却系统通常由冷却水套、水泵、风扇、散热器（水箱）和节温器等组成。

4 燃料供给系统

汽油机燃料供给系统的功用是根据发动机的要求，配制出一定数量和浓度的混合气，供入汽缸，并将燃烧后的废气从汽缸内排到大气中去；柴油机燃料供给系统的功用是把柴油和空气分别供入汽缸，在燃烧室内形成混合气并燃烧，最后将燃烧后的废气排出。

5 润滑系统

润滑系统的功用是向做相对运动的零件表面输送定量的清洁润滑油，以实现液体摩擦，减小摩擦阻力，减轻机件的磨损。并对零件表面进行清洗和冷却。润滑系统通常由润滑油道、机油泵、机油滤清器和一些阀门等组成。

6 点火系统

在汽油机中，汽缸内的可燃混合气是靠电火花点燃的，为此，在汽油机的汽缸盖上装有火花塞，火花塞头部伸入燃烧室内。能够按时在火花塞电极间产生电火花的全部设备，称为点火系统，点火系统通常由蓄电池、发电机、分电器、点火线圈和火花塞等组成。

7 起动系统

要使发动机由静止状态过渡到工作状态，必须先用外力转动发动机的曲轴，使活塞作往复运动，汽缸内的可燃混合气燃烧膨胀做功，推动活塞向下运动使曲轴旋转，发动机才能自行运转，工作循环才能自动进行。因此，曲轴在外力作用下开始转动到发动机开始自动地急速运转的全过程，称为发动机的起动。而完成起动过程所需的装置，称为发动机的起动系统。

三 基本术语

1 工作循环

活塞式内燃机的工作循环是由进气、压缩、做功和排气等四个工作过程组成的封闭过程。周而复始地进行这些过程，内燃机才能持续地做功。

2 上、下止点

活塞顶离曲轴回转中心最远处为上止点；活塞顶离曲轴回转中心最近处为下止点。在上、下止点处，活塞的运动速度为零，如图1-14所示。

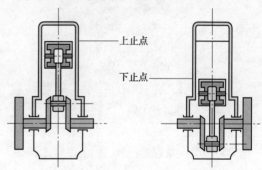

图1-14 上、下止点

3 活塞行程

活塞在上下止点之间的运行距离，称为活塞行程，用 s 表示，如图1-15所示。

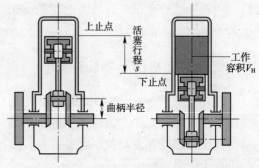

图1-15 活塞行程

④ 曲柄半径

曲柄半径是指与连杆两端相连接的曲柄销的中心线到曲轴回转中心线的距离。显然，曲轴每回转一周，活塞移动两个活塞行程。对于汽缸中心线通过曲轴回转中心的内燃机，其 $s=2R$。

⑤ 汽缸工作容积（V_H）

上、下止点间所包容的汽缸容积称为汽缸工作容积，如图1-16所示。

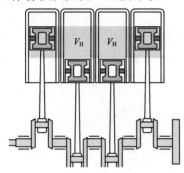

图1-16 汽缸工作容积

⑥ 内燃机排量

内燃机所有汽缸工作容积的总和称为内燃机排量。

⑦ 燃烧室容积（V_C）

活塞位于上止点时，活塞顶面以上汽缸盖底面以下所形成的空间称为燃烧室，其容积称为燃烧室容积，又称压缩容积，如图1-17所示。

⑧ 汽缸总容积（V_A）

汽缸工作容积与燃烧室容积之和称为汽缸总容积。即 $V_A = V_H + V_C$，如图1-18所示。

⑨ 压缩比

汽缸总容积与燃烧室容积之比称为压缩比 ε。压缩比的大小表示活塞由下止点运动到上止点时，汽缸内的气体被压缩的程度。压缩比越大，压缩终了时汽缸内的气体压力和温度就越高。

⑩ 工况

内燃机在某一时刻的运行状况简称工况，以该时刻内燃机输出的有效功率和曲轴转速表示。曲轴转速即为内燃机转速。

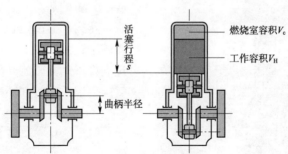

图1-17 燃烧室容积

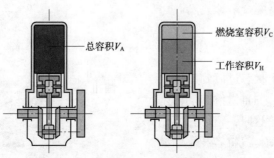

图1-18 汽缸总容积

任务 2 发动机基本工作原理

一 四冲程汽油机工作原理

四冲程往复活塞式内燃机在四个活塞行程内完成进气、压缩、做功和排气等四个过程，即在一个活塞行程内只进行一个过程。因此，活塞行程可分别用这四个过程命名。

1 进气行程

活塞在曲轴的带动下由上止点移至下止点。此时排气门关闭，进气门开启。在活塞移动过程中，汽缸容积逐渐增大，汽缸内形成一定的真空度。空气和汽油的混合物通过进气门被吸入汽缸，并在汽缸内进一步混合形成可燃混合气，如图1-19所示。

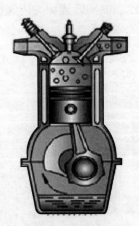

图1-19 进气行程

2 压缩行程

进气行程结束后，曲轴继续带动活塞由下止点移至上止点。这时，进、排气门均关闭。随着活塞移动，汽缸容积不断减小，汽缸内的混合气被压缩，其压力和温度同时升高，如图1-20所示。

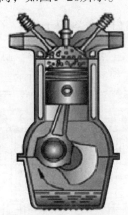

图1-20 压缩行程

3 做功行程

压缩行程结束时，安装在汽缸盖上的火花塞产生电火花，将汽缸内的可燃混合气点燃，火焰迅速传遍整个燃烧室，同时放出大量的热能。燃烧气体的体积急剧膨胀，压力和温度迅速升高。在气体压力的作用下，活塞由上止点移至下止点，并通过连杆推动曲轴旋转做功。这时，进、排气门仍旧关闭，如图1-21所示。

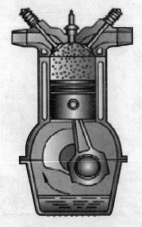

图1-21 做功行程

4 排气行程

排气行程开始,排气门开启,进气门仍然关闭,曲轴通过连杆带动活塞由下止点移至上止点,此时膨胀过后的燃烧气体(或称废气)在其自身剩余压力和在活塞的推动下,经排气门排出汽缸之外。当活塞到达上止点时,排气行程结束,排气门关闭,如图1-22所示。

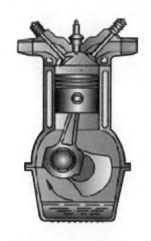

图1-22 排气行程

二 四冲程柴油机工作原理

四冲程柴油机的工作循环同样包括进气、压缩、做功和排气四个过程,在各个活塞行程中,进、排气门的开闭和曲柄连杆机构的运动与汽油机完全相同。只是由于柴油和汽油的使用性能不同,使柴油机和汽油机在混合气形成方法及着火方式上有着根本的差别。

1 进气行程

在柴油机进气行程中,被吸入汽缸的只是纯净的空气。

2 压缩行程

因为柴油机的压缩比大,所以压缩行程终了时气体压力高。

3 做功行程

在压缩行程结束时,喷油泵将柴油泵入喷油器,并通过喷油器喷入燃烧室。因为喷油压力很高,喷孔直径很小,所以喷出的柴油呈细雾状。细微的油滴在炽热的空气中迅速蒸发汽化,并借助于空气的运动,迅速与空气混合形成可燃混合气。由于汽缸内的温度远高于柴油的自燃点,因此柴油随即自行着火燃烧。燃烧气体的压力、温度迅速升高,体积急剧膨胀。在气体压力的作用下,活塞推动连杆,连杆推动曲轴旋转做功。

4 排气行程

排气行程开始,排气门开启,进气门仍然关闭,将燃烧后的废气排出汽缸。

三 二冲程汽油机工作原理

二冲程内燃机的工作循环是在两个活塞行程即曲轴旋转一周的时间内完成的。在二冲程内燃机中换气过程是指废气从汽缸内被新气扫除并取代的过程。这两种内燃机工作循环的不同之处主要在于换气过程。二冲程发动机工作原理如图1-23所示。

1 第一行程

活塞在曲轴带动下由下止点移至上止点。

当活塞还处于下止点时,进气孔被活塞关闭,排气孔和扫气孔开启。这时曲轴箱内的可燃混合气经扫气孔进入汽缸,扫除其中的废气。随着活塞向上止点运动,活塞头部首先将扫气孔关闭,扫气终止。但此时排气孔尚未关闭,仍有部分废气和可燃混合气经排气孔继续排出,称其为额外排气。当活塞将排气孔也关闭之后,汽缸内的可燃混合气开始被压缩,直至活塞到达上止点，压缩过程结束。

② 第二行程

活塞由上止点移至下止点。

在压缩过程终了时，火花塞产生电火花，将汽缸内的可燃混合气点燃。燃烧气体膨胀做功。此时排气孔和扫气孔均被活塞关闭，唯有进气孔仍然开启。空气和汽油经进气孔继续流入曲轴箱，直至活塞裙部将进气孔关闭为止。随着活塞继续向下止点运动，曲轴箱容积不断缩小，其中的混合气被预压缩。此后，活塞头部先将排气孔开启，膨胀后的燃烧气体已成废气，经排气孔排出。至此做功过程结束，开始先期排气。随后活塞又将扫气孔开启，经过预压缩的可燃混合气从曲轴箱经扫气孔进入汽缸，扫除其中的废气，开始扫气过程。

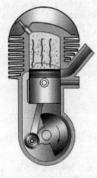 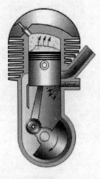  

a)压缩　　　　b)进气　　　　c)燃烧　　　　d)排气

图1-23　二冲程发动机工作原理图

项目二

曲柄连杆机构的构造与维护

知识点

1. 了解曲柄连杆机构的组成、作用和工作原理；
2. 认知曲柄连杆机构零部件；
3. 掌握汽缸磨损的规律及修理方法。

技能点

1. 掌握曲柄连杆机构的拆装；
2. 测量汽缸的磨损。

参考学时

18学时。

主要实训器材

科鲁兹发动机拆装台架

活塞环拆装钳

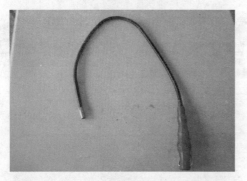

磁性吸棒

活塞环抱箍

汽缸盖螺栓拆卸专用工具

连杆轴承盖螺栓拆卸专用工具

发动机汽缸体

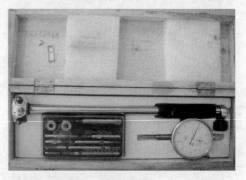

内径百分表

游标卡尺

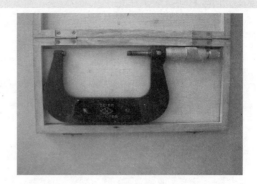
外径千分尺

T形六角套筒扳手

弓形杆

预置式扭力扳手

项目二 曲柄连杆机构的构造与维护

任务 1 曲柄连杆机构的认知

一、概述

曲柄连杆机构在做功行程中把活塞的往复运动转变成曲轴的旋转运动，对外输出动力，而在进气、压缩、排气行程中，又把曲轴的旋转运动转变成活塞的往复直线运动。曲柄连杆机构可分为机体组、活塞连杆组和曲轴飞轮组。

二、机体组

机体是发动机的骨架，承受各种载荷，机体上安装着发动机所有的零部件。

机体组主要由汽缸体、曲轴箱、汽缸盖和汽缸垫等零件组成。机体组的组成如图2-1所示。

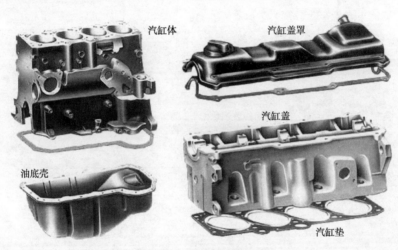

图2-1 发动机机体组

1. 汽缸体

汽缸体一般用灰铸铁铸成，汽缸体上部的圆柱形空腔称为汽缸，下半部为支承曲轴的曲轴箱，其内腔为曲轴运动的空间。在汽缸体内部铸有许多加强筋、冷却水套和润滑油道等。汽缸体如图2-2所示。

汽缸体应具有足够的强度和刚度，根据汽缸体与油底壳安装平面的位置不同，如图2-3所示，通常把汽缸体分为一般式、龙门式和隧道式三种形式。

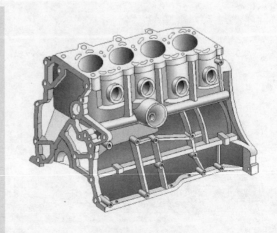

图2-2 发动机汽缸体

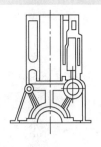 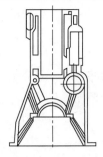 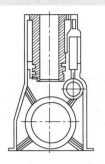

a)一般式　　　　　b)龙门式　　　　　c)隧道式

图2-3　发动机汽缸体形式

2 曲轴箱

汽缸体下部用来安装曲轴的部位称为曲轴箱，曲轴箱分上曲轴箱和下曲轴箱。上曲轴箱与汽缸体铸成一体，下曲轴箱用来储存润滑油，并封闭上曲轴箱，故又称为油底壳。油底壳底部还装有放油螺塞，通常放油螺塞上装有永久磁铁，以吸附润滑油中的金属屑，减少发动机的磨损。在上下曲轴箱接合面之间装有衬垫，防止润滑油泄漏。

3 汽缸盖

汽缸盖（图2-4）安装在汽缸体的上面，从上部密封汽缸并构成燃烧室。

图2-4　汽缸盖

缸盖上安装有进、排气门座和气门导管孔，用于安装进、排气门，还有进气通道和排气通道等。汽油机的汽缸盖上加工有安装火花塞的孔，而柴油机的汽缸盖上加工有安装喷油器的孔。顶置凸轮轴式发动机的汽缸盖上还加工有凸轮轴轴承孔，用以安装凸轮轴。

4 汽缸垫

汽缸垫装在汽缸盖和汽缸体之间，其功用是保证汽缸盖与汽缸体接触面的密封，防止漏气、漏水和漏油，如图2-5所示。

图2-5　汽缸垫

三 活塞连杆组

活塞连杆组由活塞、活塞环、活塞销、连杆、连杆轴承盖等主要机件组成，如图2-6所示。

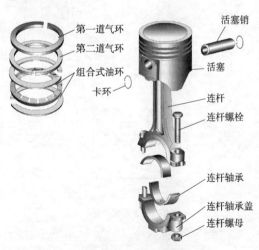

图2-6　活塞连杆组

项目二　曲柄连杆机构的构造与维护

1 活塞

活塞的主要功用是承受燃烧气体压力,并将此力通过活塞销传给连杆以推动曲轴旋转。此外活塞顶部与汽缸盖、汽缸壁共同组成燃烧室。

活塞可视为由顶部、头部和裙部三部分构成,如图2-7所示。

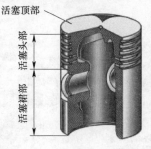

图2-7 活塞结构图

(1)活塞顶部。汽油机活塞顶部的形状与燃烧室形状和压缩比大小有关。分成平顶、凸顶和凹顶,如图2-8所示。大多数汽油机采用平顶活塞,其优点是受热面积小,加工简单。采用凹顶活塞,可以通过改变活塞顶上凹坑的尺寸来调节发动机的压缩比。

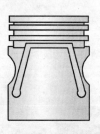 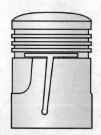

a)平顶活塞　　　　b)凸顶活塞

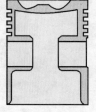

c)凹顶活塞

图2-8 活塞顶部形状

(2)活塞头部。由活塞顶至油环槽下端面之间的部分称为活塞头部。在活塞头部加工有用来安装气环和油环的气环槽和油环槽。

(3)活塞裙部。活塞头部以下的部分为活塞裙部。

发动机工作时,活塞在气体力和侧向力的作用下发生机械变形,而活塞受热膨胀时还发生热变形。变形状况如图2-9所示。这两种变形的结果都是使活塞裙部在活塞销孔轴线方向的尺寸增大。因此,为使活塞工作时裙部接近正圆形与汽缸相适应,在制造时应将活塞裙部的横断面加工成椭圆形。

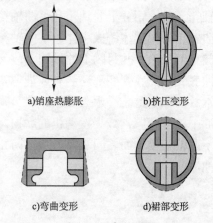

a)销座热膨胀　　　b)挤压变形

c)弯曲变形　　　　d)裙部变形

图2-9 活塞变形图

2 活塞环

(1)分类和作用。活塞环分气环和油环两种,如图2-10所示。

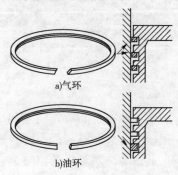

a)气环

b)油环

图2-10 活塞环

气环的主要功用是密封和传热。保证活塞与汽缸壁间的密封,防止汽缸内的可燃混合气和高温燃气漏入曲轴箱,并将活塞顶部接受的热传给汽缸壁，避免活塞过热。油环的主要功用是刮除飞溅到汽缸壁上的多余的机油，并在汽缸壁上涂布一层均匀的油膜。

（2）气环的形状。气环开口形状如图2-11a）所示，开口形状对漏气量有一定影响。直开口工艺性好，但密封性差；阶梯形开口密封性好，工艺性差；斜开口的密封性和工艺性介于前两种开口之间，斜角一般为30°或45°。

气环的断面形状如图2-11b）所示，气环的断面形状多种多样，根据发动机的结构特点和强化程度，选择不同断面形状的气环组合，可以得到最好的密封效果和使用性能。

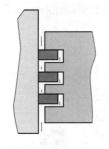
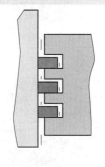

a)活塞下行　　　　b)活塞上行

图2-12　矩形环的泵油作用图

3 活塞销

活塞销用来连接活塞和连杆，并将活塞承受的力传给连杆。

4 连杆组

连杆组包括连杆体、连杆盖、连杆螺栓和连杆轴承等零件。

（1）连杆组的功用。连杆组的功用是将活塞承受的力传给曲轴，并将活塞的往复运动转变为曲轴的旋转运动。

（2）连杆小头。小头的结构形状取决于活塞销的尺寸及其与连杆小头的连接方式。

在汽车发动机中连杆小头与活塞销的连接方式有两种，即全浮式和半浮式，如图2-13所示。

a)气环开口形状

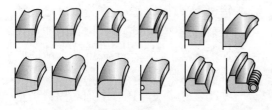

b)气环的断面形状

图2-11　气环的形状

矩形环断面为矩形。形状简单，加工方便，与汽缸壁接触面积大，有利于活塞散热。但磨合性差，而且在与活塞一起作往复运动时，在环槽内上下窜动，把汽缸壁上的机油不断地挤入燃烧室中，产生"泵油作用"，如图2-12所示，使机油消耗量增加，活塞顶及燃烧室壁面积炭。

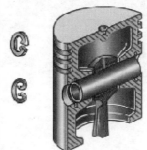
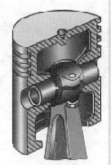

a)全浮式　　　　b)半浮式

图2-13　活塞销的连接方式

（3）连杆大头。连杆大头（图2-14）除应具有足够的刚度外，还应具有外形尺寸小，质量轻，拆卸发动机时能从汽缸上端取出的优点。连杆大头是剖分的,连杆盖用螺栓或螺柱紧固。

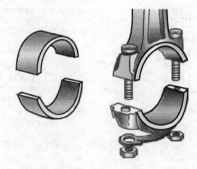

图2-14 连杆大头形状

四 曲轴飞轮组

1 曲轴的功用

曲轴的功用是把活塞、连杆传来的气体力转变为转矩,用以驱动汽车的传动系统和发动机的配气机构以及其他辅助装置。

2 曲轴构造

曲轴如图2-15所示,由若干个单元曲拐构成。一个曲柄销,左右两个曲柄臂和左右两个主轴颈构成一个单元曲拐。单缸发动机的曲轴只有一个曲拐,多缸直列式发动机曲轴的曲拐数与汽缸数相同,V型发动机曲轴的曲拐数等于汽缸数的一半。按单元曲拐连接方法的不同,曲轴分为整体式和组合式两类。

图2-15 曲轴

3 飞轮

对于四冲程发动机来说,每四个活塞行程做功一次,即只有做功行程做功,而排气、进气和压缩三个行程都要消耗功。因此,曲轴对外输出的转矩呈周期性变化,曲轴转速也不稳定。为了改善这种状况,在曲轴后端装置飞轮,如图2-16所示。

图2-16 飞轮

飞轮是转动惯量很大的盘形零件,其作用如同一个能量存储器。在做功行程中发动机传输给曲轴的能量,除对外输出外,还有部分能量被飞轮吸收,从而使曲轴的转速不会升高很多。在排气、进气和压缩三个行程中,飞轮将其储存的能量放出来补偿这三个行程所消耗的功,从而使曲轴转速不致降低太多。

除此之外,飞轮还有下列功用:飞轮是摩擦式离合器的主动件;在飞轮轮缘上镶嵌有供起动发动机用的飞轮齿圈;在飞轮上还刻有上止点记号,用来校准点火正时或喷油定时以及调整气门间隙。

任务 2 曲柄连杆机构的拆装

一 曲柄连杆机构的拆卸

（1）场地准备。准备发动机台架、工具、工具架、零件架和学生用课桌，如图2-17所示。

图2-17 科鲁兹发动机拆装场地布置图

（2）拆去点火模块等附件，如图2-18所示。拆去配气机构后如图2-19所示。

图2-18 拆卸外部附件

图2-19 曲柄连杆机构尧机

（3）用专用工具和扭力扳手先旋松缸盖螺栓，如图2-20所示。注意要用手拉扭力扳手，而不能推扭力扳手，防止受伤。

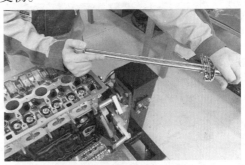

图2-20 拆卸汽缸盖螺栓

（4）再用弓形杆（俗称摇把）快速摇下缸盖螺栓，如图2-21所示。

图2-21 快速摇下汽缸盖螺栓

（5）先撬动汽缸盖，再将汽缸盖与汽缸盖衬垫一起拆下，如图2-22所示。

图2-22 取下汽缸盖

（6）将汽缸盖反放在木架上，如图2-23和图2-24所示。

图2-23　汽缸盖摆放木架

图2-24　汽缸盖正确摆放

（7）转动台架，使发动机缸体倒置。拆卸油底壳，如图2-25所示。如有机油应先放尽机油。

图2-25　拆卸油底壳

（8）转动台架，使发动机缸体横置，如图2-26所示。

图2-26　转动发动机横置

（9）转动曲轴，使所拆的活塞位于压缩下止点，如图2-27所示。

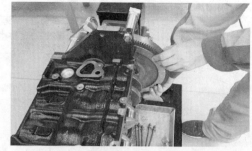

图2-27　转动曲轴

（10）用扭力扳手加专用套筒旋松连杆螺母，用弓形杆摇下连杆螺母，如图2-28和图2-29所示。

图2-28　旋松连杆螺母

图2-29　拆下连杆螺母

（11）取下连杆轴承盖，如图2-30所示。

图2-30　取下连杆轴承盖

（12）用木柄将活塞和连杆一起捅出汽缸。注意：活塞不能落地，活塞头部冒出汽缸时，用左手及时接住，如图2-31所示。一般先拆1、4缸活塞，再拆2、3缸活塞。

图2-31 取出活塞

（13）将拆出的活塞及时组装，不能混乱。并且在活塞上用记号笔标好所属汽缸号。按照相同的方法拆出其他活塞连杆组。与汽缸一致按顺序放好，如图2-32所示。

图2-32 按顺序摆放活塞连杆组

（14）清洁活塞、缸体、曲轴等曲柄连杆机构部件。

（15）观察曲轴和缸体构造。曲轴和缸体如图2-33所示。

图2-33 曲轴和缸体构造

二 曲柄连杆机构的装配

（1）安装活塞时可以采用横向安装法，也可以采用垂直安装法，这里介绍垂直安装法。转动台架，使发动机缸体垂直，汽缸盖朝上。

（2）转动曲轴，将需要安装活塞的连杆轴颈转到下止点。

（3）进行必要的清洁与润滑。

（4）将活塞头部的箭头标记必须朝向发动机前方，如图2-34所示。装上活塞环抱箍。并夹紧抱箍，使活塞环压缩到足够小，如图2-35所示。

图2-34 活塞朝前箭头标记

图2-35 活塞环抱箍的使用

（5）用木柄敲平活塞环抱箍边缘后，再用木柄将活塞捅入汽缸，如图2-36所示。

（6）摇动台架，使发动机缸体倒置。

（7）装上连杆轴承盖，如图2-37所示。注意朝前标记朝发动机前方。连杆螺栓螺母在拆卸后应更换，安装时先润滑螺纹和接触表面。拧紧连杆螺栓。

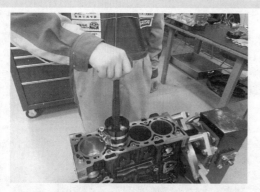

图2-36 将活塞捅入汽缸

图2-37 安装连杆轴承盖

（8）检查曲轴转动情况。曲轴应转动自如无卡滞，否则应检查重装。用同样的方法装好其他活塞。

（9）安装油底壳。

（10）摇动台架，使发动机汽缸体平面朝上。在安装汽缸盖之前，要将曲轴转动到第一缸活塞位于上止点位置。

（11）安装新的汽缸垫。安装汽缸盖衬垫时，注意正反，如图2-38所示。

图2-38 检查汽缸垫朝向

（12）将汽缸盖放置到汽缸体上，注意对准定位销，如图2-39所示。对不合格的汽缸盖必须更换。将汽缸盖紧固螺栓蘸取少量机油以润滑，如图2-40所示，再放入螺栓孔。

图2-39 安装汽缸盖

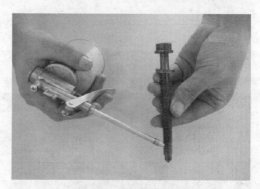

图2-40 润滑汽缸盖螺栓

（13）拧紧汽缸盖螺栓。

（14）安装配气机构及附件，如图2-41所示。

图2-41 安装附件

（15）清洁发动机台架和场地，整理工具。

任务 3 汽缸磨损的检查

一 相关知识

汽缸经长期使用后，磨损到一定程度，发动机动力就会显著下降，燃油料的消耗急剧增加，发动机的经济性变差。汽缸的磨损程度是确定发动机是否需要大修的主要依据。

1 汽缸磨损的规律和原因

1）汽缸磨损的规律

（1）汽缸轴向截面的磨损规律。沿汽缸轴向截面的磨损，在活塞环有效行程范围内，呈上大、下小的锥形，在第一道活塞环上止点处磨损最大。活塞环接触不到的汽缸口部位几乎没有磨损，形成明显的台肩，称为"缸肩"。活塞下止点油环以下部位，汽缸的磨损很小，如图2-42所示。

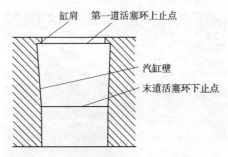

图2-42 汽缸轴向磨损

（2）汽缸径向截面的磨损规律。在汽缸的横截面上，汽缸磨损也是不均匀的，呈不规则的椭圆形，一般是与活塞销轴线垂直的方向磨损较大，如图2-43所示。

（3）在同一台发动机上，不同汽缸的磨损情况不尽相同，一般水冷式发动机的第一缸和最后一缸的磨损较为严重。

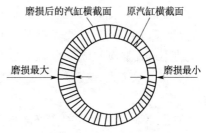

图2-43 汽缸径向磨损

2）汽缸磨损的原因

（1）汽缸表面轴向磨损成锥形的原因主要是发动机工作时，汽缸上部压力大，温度高，润滑油膜易被破坏，磨损较汽缸下部大。另外，汽缸表面还存在着腐蚀磨损和磨料磨损，腐蚀磨损主要是由于燃烧过程中产生的二氧化硫等物质引起的；磨料磨损主要是由于空气中的灰尘，润滑油中的机械杂质和发动机自身的磨屑等硬质颗粒造成的。

（2）汽缸表面径向磨损成不规则的椭圆形，与发动机的工作条件、结构、修理装配质量等因素有关。

（3）发动机长期在较低的机温下工作，磨损尤为剧烈。

2 汽缸磨损的修复

1）汽缸的镗削

镗缸需要在专用镗床上进行，同时也需要熟练的技术工人进行操作，以确保恢复汽缸原有的圆度、圆柱度要求以及汽缸轴线与曲轴主轴承座孔轴线的垂直度要求。镗削加工后，汽缸的表面会留下刀痕，达不到汽缸工作表面应有的表面粗糙度要求，必须再对汽缸表面进行研磨，以达到规定的表面粗糙度值。因此，镗缸后，在达到圆度、圆柱度和表面粗糙度要求的同时，还应留有0.03~0.05mm的磨削余量。即镗削后，汽缸的尺寸应小于已确定的汽缸修理尺寸0.03~0.05mm。

2）汽缸的磨削

汽缸磨削的目的是去除镗削刀痕，减小表面粗糙度值，提高汽缸表面的加工质量，达到汽缸加工的最终尺寸要求，延长发动机使用寿命。磨缸同样也需要专用设备和熟练的技术工人，现在一般是在专业修理厂中进行。

磨削后，汽缸的圆度误差应符合要求，各缸直径差不大于0.005mm，表面粗糙度Ra值应不大于0.8μm，活塞与汽缸配合应符合规定(桑塔纳JV发动机为0.035~0.045mm，EQ6100-1发动机为0.04~0.06mm)。

3 汽缸的镶套

汽缸镗削超过最后一级修理尺寸，或汽缸壁上有特殊损伤时，可在汽缸体上镶换新的汽缸套，延长汽缸体的使用寿命。

1）干式汽缸套的镶配

（1）去除旧套。用专用工具将旧套压出，或将旧套镗去。

（2）选择缸套。第一次镶套应选用标准尺寸的汽缸套。

（3）对制造时未使用缸套的汽缸体镗削承孔。根据所选的汽缸套外径尺寸，对承孔进行镗削，镗削后汽缸体承孔表面粗糙度Ra值应不大于2.5μm，并留有适当的过盈量，一般带有凸缘的汽缸套为0.05~0.07mm，无凸缘的为0.07~0.10mm。

（4）压入新套。将承孔和汽缸套外壁涂以机油，放正汽缸套，在汽缸套上放上垫块，用压床缓慢压入，压装缸套的压力应不大于98kN，缸套应抵住汽缸承孔的止口台肩。保证与顶面齐平，高出部分不超过0.05mm。

（5）压入缸套时，应采用隔缸压入法。镶套完工后，应进行一次水压试验。

2）湿式汽缸套的选配

（1）拆去旧缸套。清除汽缸体承孔结合面上的铁锈、污物，用砂布擦至露出金属光泽为止，特别是与密封圈接触的部位必须光滑，以防止不平而漏水。

（2）试装新缸套。将未装密封圈的汽缸套装入汽缸内，压紧后检查汽缸套端面高出汽缸体平面的距离，一般为0.03~0.10mm。如不符合尺寸要求，可在汽缸套台肩下选装适当厚度的铜质垫片调整，相邻两缸凸出量误差不得大于0.04mm。

（3）装入汽缸套。将新缸套装上水封圈，并涂以密封胶，检查各道水封圈与汽缸体的接触是否平整，然后稍加压力即可装入汽缸体承孔内。

（4）水压试验。汽缸套装入后，应进行水压试验，检查水封圈的密封性。

二 内径百分表（又称量缸表）的组装与调校

（1）检查缸体和准备工具，如图2-44所示。

图2-44 汽缸体磨损检查现场准备

（2）清洁外径千分尺，如图2-45所示。

接触的两头都要清洁。

（3）校对外径千分尺，如图2-46所示。

图2-45 清洁外径千分尺

先清洁标准杆。对于校对的结果，如果没有误差，则正常测量。如果有误差，将测量数据减去误差值。

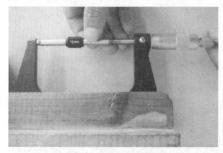

图2-46 校对外径千分尺

（4）将外径千分尺调整到标准缸径。向左拨动锁紧杆，再将外径千分尺锁紧。

标准缸径由维修手册查得。

（5）把外径千分尺放到木架上，用木块夹紧。

（6）清洁内径百分表各处，如图2-47和图2-48所示。

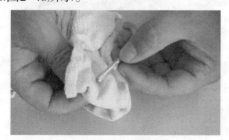

图2-47 清洁测杆

（7）将内径百分表表头插入表杆上端，如图2-49所示。

百分表的方向应对准测量时测量者的眼睛。一般为垂直于测量推杆。

图2-48 清洁内径百分表表头

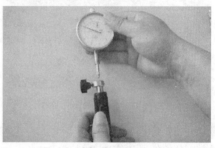

图2-49 安装内径百分表表头

（8）内径百分表慢慢来回转动下移，直到内径百分表大针转动为止。

一般此时大针指向0，小针也指向0，如图2-50所示。

图2-50 内径百分表表头对零

（9）锁紧内径百分表头，如图2-51所示。

（10）选择合适的测量推杆，先拧上锁紧螺母，拧到螺纹尽头，如图2-52所示。

（11）将测量推杆装到杆身上，先不用拧紧锁紧螺母。

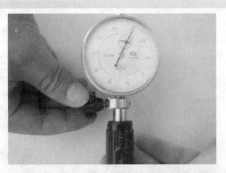

图2-51 锁紧内径百分表头

图2-54 清洁缸体

图2-52 选择合适的测量推杆

图2-55 清洁游标卡尺

（12）将内径百分表放到外径千分尺中间调校，如图2-53所示。

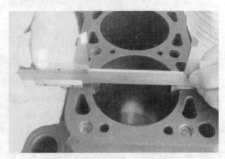

图2-56 检查缸体的直径

图2-53 调整测量推杆的旋入深度

（13）转动测量推杆，使测杆有2mm左右的压缩量。即内径百分表小针指向2。

（14）旋紧锁紧螺母。

（15）再将内径百分表测量推杆压入外径千分尺，同时转动表盘，使内径百分表大针指向0。

三 汽缸磨损的测量

（1）清洁缸体、游标卡尺，如图2-54和图2-55所示。

（2）用游标卡尺检查缸体的直径，应与标准缸径基本相符如图2-56所示。

（3）将内径百分表倾斜放入缸体，如图2-57所示。

图2-57 内径百分表放入缸体

（4）测量位置的选取。测量部位要选在活塞环工作区域内，按上、中、下三个平面测量尺寸，位置如图2-58中①、②、③所示。对汽缸的上、中、下三个测量部位，在径向平面内按需要测量，尽量找出长轴方向的最大值后，做上标记，再在同一平面与长轴成90°位置处测量短轴的最小值，长短轴直径差值的一半即为该测量平面的圆度误差。一般每个平面测量纵向、横向两个位置，如图2-59所示。

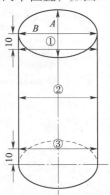

图2-58 汽缸的测量位置

图2-59 汽缸的测量位置（上）

（5）数据读取。如图2-60和图2-61所示，测量时，一只手拿住内径百分表的绝热套，另一只手托住测杆使之靠近汽缸，将测杆倾斜并稍微压缩活动测杆放入汽缸内，表杆可作左右微量偏摆，务必使测杆保持与汽缸中心线垂直，指针指示的最小值即为被测值。

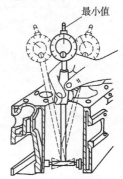

图2-60 数据读取

图2-61 表杆微量偏摆

（6）数据记录。将测量结果记入表2-1中。测量部位如图2-58所示截面①与③处，即汽缸上、下磨损最大和最小处，测得D_1、D_2值填入表2-1中。

汽缸磨损量、圆度误差、圆柱度误差、误差检测表（单位：mm）　　表2-1

测量	缸数 实测值	一	二	三	四
$S_1'-S_1''$	长轴				
	短轴				
$S_2'-S_2''$	长轴				
	短轴				
$S_3'-S_3''$	长轴				
	短轴				
D_1（最大值）					
D_2（最小值）					
该缸的圆度误差					
该缸的圆柱度误差					
活塞直径					
修理尺寸					
修理等级					
配缸间隙					

（7）测量相应汽缸的活塞直径。位置为裙部以下10mm处，如图2-62所示。记录数据。

图2-62　测量汽缸相应的活塞直径

（8）工具分解、清洁、复位。

四　圆度误差、圆柱度误差的计算和修理尺寸的确定

（1）长短轴直径差值的一半即为该测量平面的圆度误差。

（2）汽缸长轴最大值与不同截面最小磨损处直径之差的一半，即为该汽缸的圆柱度误差。

（3）汽缸修理尺寸等级的确定。

①汽缸修理的标志。对于传统发动机缸体，汽缸直径每100mm的圆度误差超过0.0625mm，圆柱度误差超过0.20mm，则需进行镗缸修理。圆度和圆柱度误差虽然未超出使用限度，但在缸壁上已有严重拉痕、沟槽或麻点时，也应进行镗缸修理。对于科鲁兹发动机，标准汽缸直径为79mm，分为不同规格：汽缸直径-标准尺寸导向值00为78.995~79.005mm，汽缸直径-标准尺寸导向值05为79.045~79.055mm。而汽缸直径-导向增加值00-05为79.492~79.508mm，如果汽缸的上、中测量部位测量值的平均值大于导向增加值，则需要更换汽缸，而一般不进行镗缸修理。

②汽缸修理等级标准。汽缸直径除标准尺寸外，汽油机通常还有6级修理尺寸，每加大0.25mm为一级。桑塔纳JV发动机的标准缸径为ϕ81.0lmm，修理尺寸为：ϕ81.26mm、ϕ81.5lmm、ϕ82.0lmm。

③汽缸修理等级的确定。当汽缸磨损超过允许的限度时，必须修理汽缸或更换新的汽缸套。修理汽缸的方法是用镗缸机在缸壁上切削掉一层金属（镗缸），然后用珩磨机把缸径磨削至规定尺寸，通过加大直径的方法，恢复汽缸的圆度、圆柱度等形位精度和表面粗糙度。再选配直径加大了的活塞和活塞环，达到标准的配合间隙，从而使汽缸的密封性达到或接近新发动机的水平。

通过测量，找出磨损最大的汽缸尺寸，或损伤程度最大的那一个汽缸，以它的尺寸为基准，决定各个汽缸的修理尺寸等级。

计算公式：修理尺寸 = 最大汽缸磨损直径 + 加工余量

加工余量包括镗缸和磨缸的预留量，一般取0.10~0.20mm。

将与计算数值最接近的修理尺寸确定为汽缸的修理等级。

例如：测得桑塔纳JV发动机汽缸的最大磨损直径为ϕ81.28mm，加工余量为0.20mm。汽缸修理尺寸则为ϕ81.48mm，此数值接近第二级修理尺寸ϕ81.5lmm，最后选定为第二级修理尺寸。

同一缸体的各个汽缸，均应为同一级修理尺寸。

（4）配缸间隙为汽缸直径与活塞直径之差的一半。

项目三

配气机构的检查、更换及调整

知识点

1. 配气机构的组成、作用和工作原理；
2. 配气机构零部件认知。

技能点

1. 配气机构的拆装；
2. 皮带组和正时齿带的更换；
3. 气门间隙的检查。

参考学时

16学时。

主要实训器材

科鲁兹发动机拆装台架

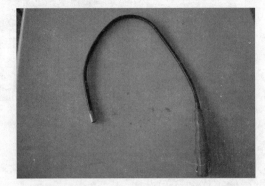
磁性吸棒

T形六角套筒扳手

弓形杆

预置式扭力扳手

任务 1　配气机构的认知

一、配气机构相关知识

1. 概述

配气机构能按照发动机每一汽缸内所进行的工作循环和点火顺序的要求，定时开启和关闭各汽缸的进、排气门，使新鲜的可燃混合气及时进入汽缸，废气及时从汽缸排出。

配气机构由气门组（进气门、排气门、气门座、气门导管、气门弹簧、座圈、气门锁片及气门油封等）和气门传动组（凸轮轴、液压挺杆、凸轮轴正时齿形带轮及正时齿形带等）组成。其立体示意图如图3-1所示。

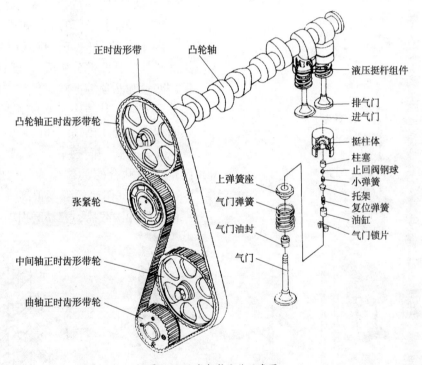

图3-1　配气机构立体示意图

工作原理（图3-2）：发动机工作时曲轴通过齿轮或链条或齿形带机构驱动凸轮轴旋转。在进气行程时，进气凸轮凸起部分开始推动摇臂绕轴转动，摇臂的另一端克服气门弹簧的弹力推动气门离开气门座圈下行，使气门打开；随着凸轮轴的继续转动，当凸轮的凸起部分离开摇臂时，气门在弹簧的作用力下上行而落座，使气门关闭。同样，在排气行程，凸轮轴上的排气凸轮驱动排气门打开。

2. 配气机构的组成

配气机构包括气门组（图3-3）和气门传动组（图3-4）两部分。

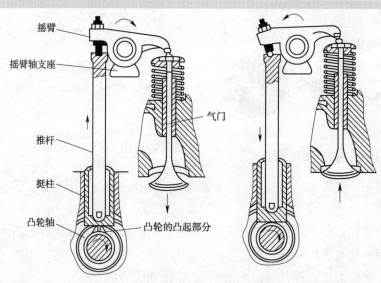

图3-2 配气机构的工作原理图

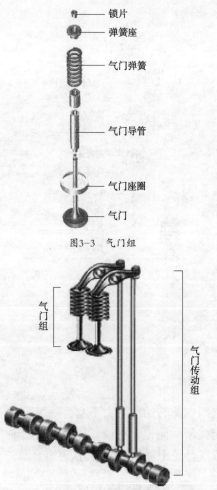

图3-3 气门组

图3-4 气门传动组

气门导管、气门弹簧和弹簧座等。

（1）气门。气门的结构如图3-5所示。

汽车发动机的进、排气门均由气门头部和气门杆两部分构成。气门顶面有平顶、凹顶和凸顶等形状。目前应用最多的是平顶气门，其结构简单，制造方便，受热面积小，进、排气门都可采用。

（2）进、排气门座。汽缸盖上与气门锥面相贴合的部位称为气门座，如图3-6所示。气门座的温度很高，又承受频率极高的冲击载荷，容易磨损。

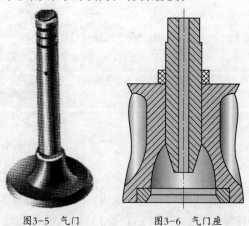

图3-5 气门　　图3-6 气门座

其作用是靠其内锥面与气门锥面的紧密贴合密封汽缸；接受气门传来的热量。

（3）气门弹簧。气门弹簧的作用是在气门关闭时能够保证气门的及时关闭和

1）气门组

气门组的组成包括气门、气门座圈、

密封，在气门打开时保证气门不脱落凸轮。其结构如图3-7所示。

（4）气门导管。气门导管的作用是气门的运动导向，保证气门直线运动兼起导热作用。其结构如图3-8所示。

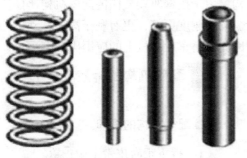

图3-7　气门弹簧　　图3-8　气门导管

2）气门传动组

气门传动组的组成包括凸轮轴、挺柱、推杆、摇臂及摇臂轴等。

（1）凸轮轴。凸轮轴上各同名凸轮（各进气凸轮或各排气凸轮）的相对角位置与凸轮轴旋转方向、发动机工作顺序及汽缸数或做功间隔角有关。如果从发动机风扇端看凸轮轴逆时针方向旋转，则工作顺序为1→3→4→2的四缸发动机其做功间隔角为720°/4＝180°曲轴转角，相当于90°凸轮轴转角，即各同名凸轮间的夹角为90°。对于工作顺序为1→5→3→6→2→4的六缸发动机，其同名凸轮间的夹角为60°。同一汽缸的进、排气凸轮的相对角位置即异名凸轮相对角位置，决定于配气定时及凸轮轴旋转方向。

（2）液压挺杆。液压挺杆的结构如图3-9所示。

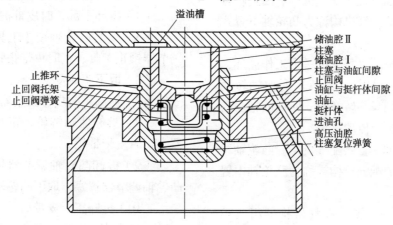

图3-9　液压挺杆结构

当气门关闭时，柱塞弹簧使柱塞连同压在柱塞中的支承座紧靠着推杆，此时整个配气机构不存在气门间隙。

因此采用液压挺柱的配气机构是不需要调整气门间隙的。在配气机构中预留气门间隙将使发动机工作时配气机构产生撞击和噪声。为了消除这一弊端，有些发动机尤其是轿车发动机采用液力挺柱，借以实现零气门间隙。气门及其传动件因温度升高而膨胀，或因磨损而缩短，都会由液力作用来自行调整或补偿。

（3）推杆。推杆的作用是将挺柱传来的推力传给摇臂。它是气门机构中最容易弯曲的零件，如图3-10所示。

图3-10　推杆

（4）摇臂。摇臂的作用是将推杆或凸轮传来的力改变方向，作用到气门杆端以推开气门，如图3-11所示。

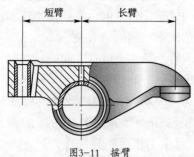

图3-11 摇臂

3 配气机构的分类

（1）按照凸轮轴的位置可以分为凸轮轴下置式、凸轮轴中置式和凸轮轴顶置式。

①凸轮轴下置式配气机构。凸轮轴置于曲轴箱内的配气机构称为凸轮轴下置式配气机构。

四冲程发动机每完成一个工作循环，每个汽缸进、排气一次。这时曲轴转两周，而凸轮轴只旋转一周，所以曲轴与凸轮轴的转速比或传动比为2∶1。

②凸轮轴中置式配气机构。凸轮轴置于机体上部的配气机构被称为凸轮轴中置式配气机构。

与凸轮轴下置式配气机构的组成相比，减少了推杆，从而减轻了配气机构的往复运动质量，增大了机构的刚度，更适用于较高转速的发动机。

③凸轮轴上置式配气机构。凸轮轴置于汽缸盖上的配气机构为凸轮轴上置式配气机构（OHC）。

其主要优点是运动件少，传动链短，整个机构的刚度大，适合于高速发动机。由于气门排列和气门驱动形式的不同，凸轮轴上置式气机构有多种多样的结构形式。

（2）气门驱动形式有摇臂驱动、摆臂驱动和直接驱动三种类型。

①摇臂驱动、单凸轮轴上置式配气机构。凸轮轴推动液力挺柱，液力挺柱推动摇臂，摇臂再驱动气门；或凸轮轴直接驱动摇臂，摇臂驱动气门。

②摆臂驱动、凸轮轴上置式配气机构。由于摆臂驱动气门的配气机构比摇臂驱动式刚度更好，更有利于高速发动机，因此在轿车发动机上的应用比较广泛。

二 配气机构的拆装

1 配气机构的拆卸

（1）拆下正时皮带上中护罩。

（2）检查正时标记并调整，安装曲轴锁止装置。

（3）拆卸曲轴扭转减振器。

（4）拆卸下部正时皮带护盖。

（5）安装凸轮轴锁止工具、凸轮轴调节器锁止工具、正时皮带张紧器锁销。

（6）取下正时皮带。

（7）拆卸正时皮带张紧器。

（8）拆卸曲轴链轮、正时皮带张紧器、正时皮带带轮。

（9）拆卸凸轮轴调节器封闭螺塞，凸轮轴调节器螺塞，取下凸轮轴调节器。

（10）拆卸正时皮带后盖。

（11）从汽缸盖上拆下凸轮轴各道轴承盖的紧固螺母，取下轴承盖和凸轮轴，轴承盖按顺序排列或者打上装配记号。

（12）取出液压挺柱按顺序排列或在内壁上做出记号。

（13）拆卸汽缸盖螺栓，取下汽缸盖。

（14）用专用工具压下气门弹簧，取出气门锁片、气门弹簧座、气门弹簧、气门油封及气门，各组件按顺序排好。

2 配气机构的装配

配气机构的装配按拆卸时的相反顺序

操作,并注意以下事项:

(1)装配前对所有零部件清洗,检验。

(2)气门组件、液压挺柱、凸轮轴轴承盖等部件必须按原位装入,不得装错。

(3)各紧固件必须按规定顺序和拧紧力矩拧紧,如图3-12和图3-13所示。

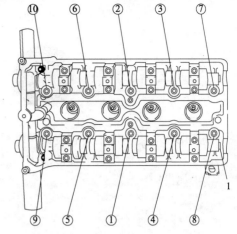

图3-13 汽缸盖的拧紧顺序

(4)安装齿形带时,必须使凸轮轴齿形带轮上的标记与气门罩盖平面平齐。

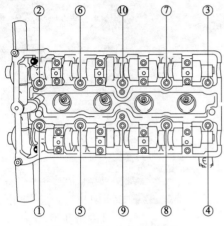

图3-12 汽缸盖的拆卸顺序

任务 2 传动带组的更换

汽车用轮系传动带主要有空调压缩机传动带、发电机传动带和水泵传动带。其主要结构都是V带。

拆装步骤

（1）通过逆时针转动来释放传动带张紧器上的张力，并用EN-6349销 2 锁止，如图3-14所示。

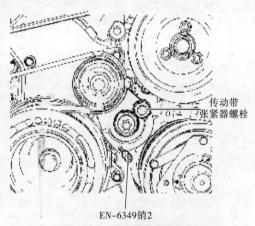

图3-14 释放传动带张紧器上的张力

（2）拆下传动带，如图3-15所示。

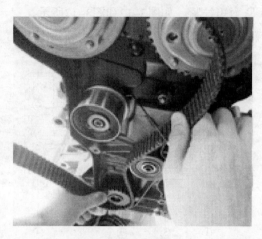

图3-15 拆下传动带

安装程序

（1）安装传动带。

确保传动带被定位在发电机带轮、曲轴扭转减振器、传动带张紧器和水泵带轮上。传动带必须位于两凸缘之间的水泵带轮上，如图3-16所示。

（2）检查传动带的位置。

（3）通过逆时针转动来释放张紧器上的张力。

让张紧器缓慢滑回原位。

（4）拆下EN-6349销。

（5）顺时针转动以对张紧器施加张力。

（6）安装前舱防溅罩。

图3-16 安装传动带

任务 3 正时齿形带的更换

一 相关知识介绍

1. 凸轮轴传动机构

凸轮轴由曲轴驱动，其传动机构有齿轮式、链条式及齿形带式。

齿轮传动机构（图3-17）用于下置式和中置式凸轮轴的传动。汽油机一般只用一对正时齿轮，即曲轴正时齿轮和凸轮轴正时齿轮。

图3-17 齿轮传动

链传动机构（图3-18）用于中置式和上置式凸轮轴的传动，尤其是上置式凸轮轴的高速汽油机采用链传动机构的很多。

链条一般为滚子链，工作时应保持一定的张紧度，不使其产生振动和噪声。为此在链传动机构中装有导链板并在链条的松边装置张紧器。

齿形带传动机构（图3-19）用于上置式凸轮轴的传动。与齿轮和链传动机构相比具有噪声小、质量轻、成本低、工作可靠和不需要润滑等优点。另外，齿形带伸长量小，适合有精确定时要求的传动。因此，被越来越多的汽车发动机特别是轿车发动机所采用。齿形带由氯丁橡胶制成，中间夹有玻璃纤维，齿面粘覆尼龙编织物，如图3-22所示。在使用中不能使齿形带与水或机油接触，否则容易引起跳齿。齿形带轮由钢或铁基粉末冶金制造。为了确保传动可靠，齿形带需保持一定的张紧力，为此在齿形带传动机构中也设置由张紧轮与张紧弹簧组成的张紧器。

图3-19 齿形带传动

2. 正时齿形带

正时齿形带用于将曲轴的旋转力传递给凸轮轴，带动凸轮轴旋转并保证活塞和气门的运动规律一致。

图3-18 链传动

正时齿形带一般由氯丁橡胶、玻璃纤维和尼龙织物制成，强度很高，其寿命可达100000km。正时齿形带在长期的使用过程中，会产生正常磨损和异常损伤，如不进行及时的检查、调整和更换，便会破坏活塞和气门的运动规律，甚至会出现活塞顶撞气门的严重机械事故。给发动机的工作带来严重的影响。

3 科鲁兹发动机正时齿形带

科鲁兹发动机正时齿形带及附件的分解图如图3-20所示。

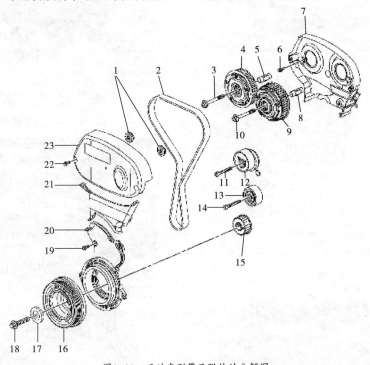

图3-20　正时齿形带及附件的分解图

1-凸轮轴调节器封闭螺塞；2-正时齿形带；3-进气凸轮轴调节器螺栓（拧紧力矩50N·m+150°）；4-进气凸轮轴调节器；5-进气凸轮轴调节器螺塞（拧紧力矩30N·m）；6-正时齿形带上前盖螺栓（拧紧力矩6N·m）；7-正时齿形带后盖；8-排气凸轮轴调节器螺塞（拧紧力矩30N·m）；9-排气凸轮轴调节器；10-排气凸轮轴调节器螺栓（拧紧力矩50N·m+150°）；11-正时齿形带张紧器螺栓（拧紧力矩20N·m+120°）；12-正时齿形带张紧器；13-正时齿形带惰轮；14-正时齿形带惰轮螺栓；15-曲轴调节器；16-曲轴扭转减振器；17-曲轴压力垫圈；18-曲轴扭转减振器螺栓（拧紧力矩95N·m+45°）；19-正时齿形带下前盖螺栓（拧紧力矩6N·m）；20-正时齿形带下前盖；21-正时齿形带中前盖；22-正时齿形带上前盖螺栓（拧紧力矩6N·m）；23-正时齿形带上前盖

二 技术标准与要求

（1）安装与科鲁兹发动机配套使用的正时齿形带。

（2）正时齿形带的挠度为捏住齿形带的中间，可翻转90°。

（3）发动机正时齿形带的更换里程为80000km。请参阅相应车型的维修手册。

（4）张紧轮压紧螺栓的规定力矩为55N·m。

（5）正时齿形带如出现磨损、老化、裂纹等损伤，必须更换新品。

（6）安装时，禁止将油、水等黏附到正时齿形带上。

三 正时齿形带的拆卸

（1）检查台架和准备工具。要求台架完好、零件齐全，工具摆放整齐、有序，如图3-21、图3-22所示。

（2）拆卸正时齿形带上罩及正时齿

形带中盖，如图3-23、图3-24所示。

图3-21 工具

图3-22 发动机台架

图3-23 拆卸正时齿形带上盖

图3-24 拆卸正时齿形带中盖

（3）检查配气正时并调整。使用扭力扳手转动曲轴，如图3-25所示。正时齿形带传动齿轮和油泵壳体必须对齐，通过曲轴扭转减振器螺栓沿发动机旋转的方向将曲轴转动到汽缸1的做功行程上止点，如图3-26所示。

图3-25 扭力扳手转动曲轴

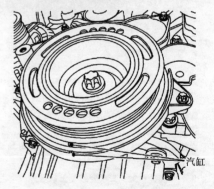

图3-26 检查配气正时

（4）安装EN-6625曲轴锁止装置，如图3-27所示。

（5）拆卸曲轴扭转减振器。安装EN-652固定工具，通过起动机齿圈锁止飞轮或自动变速器挠性盘。拆下曲轴减振器螺栓，拆下曲轴减振器垫圈，取下曲轴扭转减振器，如图3-28所示。

（6）拆卸正时齿形带下前盖。采用套筒接杆、棘轮扳手拆下4个正时齿形带下前盖螺栓,拆下正时齿形带下前盖,如图3-29所示。

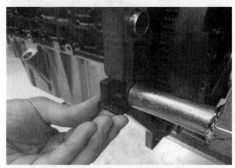

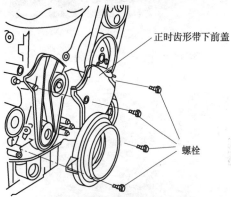

图3-29　拆卸正时齿形带下前盖

图3-27　安装EN-6625曲轴锁止装置

图3-28　拆卸曲轴扭转减振器

（7）将EN-6340锁止工具安装到凸轮轴位置执行器调节器中。

①在此过程中,进气凸轮轴调节器上的点式标记-4与EN-6340左侧-1的凹槽不一致,而是必须略高于凹槽。

②排气凸轮轴调节器上的点式标记必须与EN-6340右侧的凹槽必须一致。

将EN-6340锁止工具右侧安装到凸轮轴位置执行器调节器中,如图3-30所示。

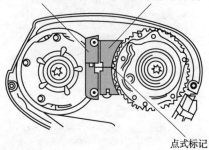

图3-30　安装EN-EN-6340锁止工具

（8）安装EN-6333锁销,并在箭头方向使用内六角扳手对正时齿形带张紧轮施加张力，停止正时齿形带张紧器。注意观察旋转方向，如图3-31所示。

图3-31　安装EN-6333锁销

（9）拆下正时齿形带，如图3-32所示。

图3-32　拆下正时齿形带

四　检查正时齿形带及相关零件

（1）检查正时齿形带外表面是否有橡胶层开裂、断层、严重磨损等现象。如果有，则更换正时齿形带。正时齿形带的外表面如果出现开裂、断层、断线，说明正时齿形带已经老化，不宜继续使用，应予以更换新品，如图3-33所示。

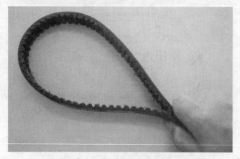

图3-33　检查正时齿形带外表面

（2）将正时齿形带的工作面稍作弯曲，目视检查带齿是否有剪切、脱层或齿根松裂等现象。如果有则更换正时齿形带。如果正时齿形带存在明显的损伤，则证明已达到使用极限，继续使用就容易出现跳齿、折断，将破坏气门、活塞的运动规律，甚至会造成气门顶撞活塞的严重机械事故，如图3-34所示。

图3-34　目视检查带齿

（3）检查曲轴正时齿轮的磨损和变形。如果轮齿的齿顶和齿根出现明显的圆弧形磨损或个别轮齿变形，应更换正时齿轮，否则容易出现跳齿或加速齿形带的磨损，如图3-35所示。

图3-35　检查曲轴正时齿轮的磨损和变形

（4）检查凸轮轴齿形带轮的磨损和变形，如图3-36所示。

（5）检查正时齿形带张紧轮。检查其与传动带的接触面是否出现划痕、偏磨、凹陷等损伤，如果有，则更换张紧装置总成。

转动张紧轮，检查张紧轮轴承的磨损状况。如果出现卡滞或转动阻力过大等现象,说明轴承已损伤,若继续使用,会产生转动发响和加剧传动带磨损,应更换张紧装置总成,如图3-37所示。

图3-36 检查凸轮轴齿形带轮

图3-37 检查正时齿形带张紧轮

五 安装正时齿形带

①只允许用新正时齿形带附带的装配工具穿过发动机支座托架安装正时齿形带,否则很可能在此阶段因纽结而损坏齿形带。

②如果已经使用齿形带,则观察旋转方向。

(1)将正时齿形带安装到闭合的装配工具中。

安装正时齿形带时,要保持双手干净,严禁将油、水等黏附到齿形带上。否则,容易出现齿形带跳齿现象,破坏发动机正常的配气正时,使发动机的输出功率下降或丧失。另外,油、水等物质,也会加剧正时齿形带的损坏程度。确保正时齿形带与曲轴正时带轮正确接触,如图3-38所示。

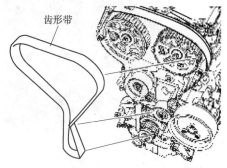

图3-38 正时齿形带套装在曲轴正时带轮

(2)用装配工具引导正时齿形带穿过发动机支座托架。

(3)拆下装配工具,安装正时齿形带。并引导正时齿形带通过张紧器并将其放置在曲轴链轮上。

(4)将正时齿形带放置在排气和进气凸轮轴位置执行器调节器上,如图3-39所示。

图3-39 正时齿形带套装在曲轴正时链轮

(5)使用内六角扳手向箭头指示的方向对正时齿形带张紧器施加张力,如图3-40所示。

(6)拆下EN-6333锁销。注意正时齿形带张力器自动移至正确位置。并释放正时齿形带上的张力。拆下紧固件。

(7)拆下EN-6625锁止工具,如图3-41所示。

内六角扳手　正时齿形带张紧器

EN-6333锁销

图3-40　对正时齿形带张紧器施加张力

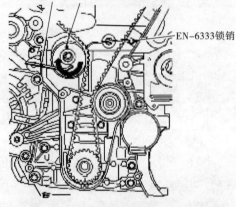

图3-41　EN-6625锁止工具

（8）拆下EN-6340锁止工具，如图3-42所示。

（9）检查正时。

图3-42　EN-6340锁止工具

> **注意**

①注意凸轮轴链轮上的标记。通过曲轴扭转减振器上的螺栓沿发动机旋转的方向将曲轴旋转720°。

②在此过程中，进气凸轮轴位置执行器调节器上的点式标记与EN-6340-左侧的凹槽不一致，而是必须略高于凹槽。

③排气凸轮轴位置执行器调节器上的点式标记与EN-6340-右侧的凹槽必须一致，如图3-43所示。

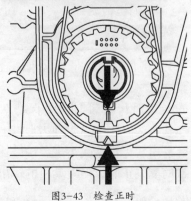

图3-43　检查正时

（10）安装下部正时齿形带盖。安装4个下部正时齿形带盖螺栓并紧固至6N·m。如图3-44所示。

图3-44 安装下部正时齿形带盖

（11）安装曲轴扭转减振器，如图3-45所示。

图3-45 安装扭转减振器

（12）安装传动带张紧器。首先清洁传动带张紧器螺纹，安装传动带张紧器螺栓，并紧固至55N·m，接着安装发电机和空调压缩机传动带，如图3-46所示。

图 3-46

图3-46 安装传动带轮张紧器

（13）安装正时齿形带中盖，如图3-47所示。

图3-47 安装正时齿形带中盖

（14）安装正时齿形带上前盖。安装2个正时齿形带前盖螺栓并将螺栓紧固至6N·m，如图3-48所示。

图3-48 安装正时齿形带上前盖

（15）进行5S整理。清洁、整理工具、发动机台架和场地，如图3-49所示。

图3-49 清理场地、工具

项目三 配气机构的检查、更换及调整

45

任务 4 气门间隙的检查

在汽车的维护与修理中，发动机气门间隙的检查与调整是一项重要的作业内容。发动机工作过程中，由于配气机构零件的磨损或松动，或是气门在工作时因温度升高而膨胀都会导致原有气门间隙的变化。除了采用液力挺柱式（其液力挺柱的长度能通过油压进行自动调整，可随时补偿气门的热膨胀量）气门机构的发动机（如桑塔纳、捷达、奥迪100、北京切诺基213等轿车）不需要调整气门间隙以外，其他发动机一般行驶10000km左右进行二级维护时，应检查和调整气门间隙，使之符合技术要求。

一 气门间隙

气门间隙通常是发动机处于冷态时，在气门脚及其传动机构中留有适当的间隙，以补偿气门受热后的膨胀量，这一预留间隙称为气门间隙。一般排气门的气门间隙要略大于进气门的气门间隙。

二 气门间隙调整的目的

气门间隙的大小对发动机各方面的性能影响极大：间隙过小，发动机在热态下由于气门杆膨胀可能会造成气门漏气，导致功率下降，甚至烧坏气门；间隙过大，传动零件之间以及气门与气门座之间容易产生冲撞，同时使气门开启的持续时间减少，进气和排气不充分，也会直接影响发动机的正常工作。因此，为了保证发动机的正常工作，必须调整好气门间隙。

三 气门间隙调整的注意事项

气门间隙必须在该气门处于完全关闭的状态下才能进行调整。这点非常关键，否则气门间隙调整是不准确的。不同的汽车生产厂家对气门间隙的调整一般都有具体的规定和不同的技术要求，如是否在冷态或热态下调整、调整的间隙值应多大等。大多数汽车是在冷态（即冷车）调整的：如日野KM400、ZM440，别拉斯540A、138等发动机。但也有部分汽车要求在热态（即热车，冷却液温度达正常工作温度后）调整：如东风EQ1090、克拉斯221、222，丰田科罗娜RT81等发动机。还有部分汽车在冷态、热态时均可进行调整，但要求调整的气门间隙值有所不同，例如解放CA1091汽油机，黄河JN1140发动机等。

一缸压缩上止点的确定：

（1）分火头判断法：记下一缸分缸高压线的位置，打开分电器盖，转动曲轴，当分火头与一缸分缸高压线位置相对时，表示一缸在压缩上止点。

（2）逆推法：转动曲轴，观察与一缸曲轴连杆轴颈同在一个方位的六（四）缸的排气门打开又逐渐关闭到进气门开始动作瞬间，六（四）缸在排气上止点，即一缸在压缩上止点。"逐缸检查法"的操作程序如下。

① 先将发动机的汽缸按工作顺序等分为两组。

② 第一遍将一缸活塞转到压缩终了上止点，即曲轴扭转减振器正时标记和汽缸1上止点处标记对齐（图3-50）。

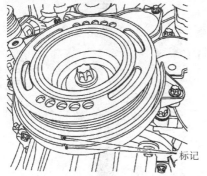

图3-50 扭转减振器和汽缸1上止点的正时标记对齐

③转动曲轴，使汽缸2进气侧凸轮和汽缸3排气侧凸轮位于顶部且略微向内倾斜相同角度，如图3-51所示。

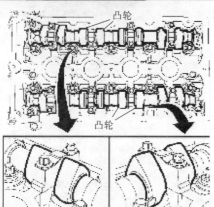

图3-51 转动曲轴

④检查气门间隙是否为规定间隙。进气门为0.21~0.29mm（标准值为0.25mm），排气门为0.27~0.35mm（标准值为0.30mm）。使用 EN-6361塞尺检查2缸进气门和3缸排气门的气门间隙，并记录下结果。如图3-52和图3-53所示。

图3-52 检查进气门间隙

图3-53 检查排气门间隙

⑤曲轴扭转减振器螺栓将曲轴沿发动机旋转方向旋转180°（图3-54），成对凸轮1和凸轮2以一定角度指向上方。使用EN-6361塞尺检查1缸进气门和4缸排气门的气门间隙，并记录下结果，如图3-56和图3-55所示。

图3-54 转动曲轴

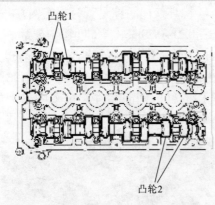

图3-55 成对凸轮以一定角度指向上方

⑥曲轴扭转减振器螺栓将曲轴沿发动机旋转方向旋转180°（图3-54），成对凸轮1和凸轮2以一定角度指向上方。使用 EN-6361 塞尺检查3缸进气门和2缸排气门的气门间隙，并记录下结果，如图3-56所示。

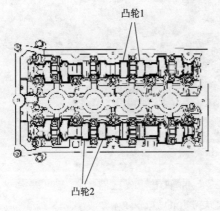

图3-56 检查气门间隙

⑦曲轴扭转减振器螺栓将曲轴沿发动机旋转方向旋转180°（图3-54），成对凸轮1和凸轮2以一定角度指向上方。使用 EN-6361 塞尺检查4缸进气门和1缸排气门的气门间隙，并记录下结果，如图3-57所示。

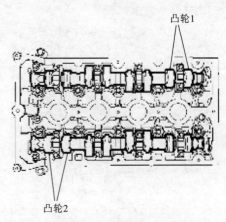

图3-57 检查气门间隙

⑧测量完气门间隙之后与标准值进行比较，如不符合要求则进行调整。调整的时候先松开锁紧螺母，如符合标准的塞尺插入气门尾端与摇臂之间旋转和调整螺钉，来回拉动塞尺片，感到轻微阻力为宜。调好后将锁紧螺母锁死。

项目四

润滑系统的构造与维护

 知识点

1. 掌握汽车发动机润滑系统的组成、作用和工作原理；
2. 认知润滑系统零部件。

 技能点

1. 拆装油底壳；
2. 拆装机油泵。

 参考学时

14学时。

主要实训器材

科鲁兹LDE发动机拆装台架

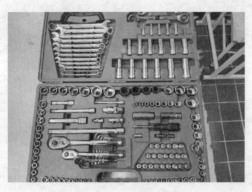

世达工具套装

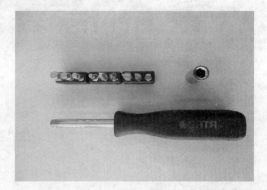

螺丝刀套装

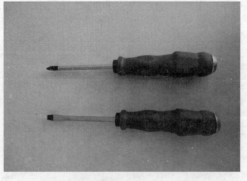

一字螺丝刀、十字螺丝刀

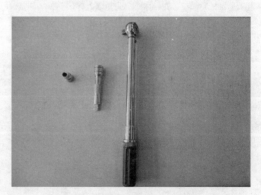

预置式扭力扳手

任务 1　润滑系统的认知

一、概述

1. 润滑系统的功用

润滑系统的功用就是在发动机工作时连续不断地把数量足够、温度适当的洁净机油输送到全部传动件的摩擦表面，并在摩擦表面之间形成油膜，实现液体摩擦，从而减小摩擦阻力、降低功率消耗、减轻机件磨损，以达到提高发动机工作可靠性和耐久性的目的，如图4-1所示。

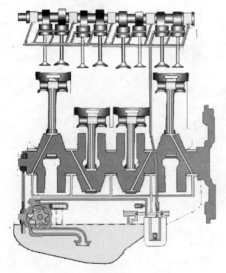

图4-1　润滑系统油道示意图

2. 润滑系统的组成

润滑系统由机油泵、机油滤清器、机油冷却器、集滤器等组成。此外，润滑系统还包括机油压力表、温度表和机油管道等。现代汽车发动机润滑系统的油路大致相同。

二、润滑系统主要部件的构造

1. 机油泵

1) 齿轮式机油泵

机油泵结构形式可分为齿轮式和转子式两类。齿轮式机油泵又分内接齿轮式和外接齿轮式，一般把后者称为齿轮式机油泵，如图4-2和图4-3所示。

图4-2　齿轮式机油泵

图4-3　机油泵

齿轮式机油泵的优点是效率高，功率损失小，工作可靠；缺点是需要中间传动机构，制造成本相应较高。国产桑塔纳、捷达和奥迪等轿车都采用齿轮泵。

2）内接齿轮式机油泵

内啮合齿轮式机油泵又称内接齿轮泵，其工作原理与外啮合齿轮式机油泵或齿轮式机油泵相同。内接齿轮泵的结构：其外齿轮是主动齿轮，套在曲轴前端，通过花键由曲轴直接驱动；内接齿轮是从动齿轮，装在机油泵体内，泵体固定在机体前端。

因为内接齿轮泵由曲轴直接驱动，无须中间传动机构，所以零件数量少，制造成本低，占用空间小，使用范围广。但是这种机油泵在内、外齿轮之间有一处无用的空间，使机油泵的泵油效率降低。另外，如果曲轴前端轴颈太粗，机油泵外形尺寸随之增大，发动机驱动机油泵的功率损失也相应有所增加。

3）转子式机油泵

转子式机油泵主要由内、外转子，机油泵体及机油泵盖等零件组成。内转子固定在机油泵传动轴上，外转子自由地安装在泵体内，并与内转子啮合转动。内、外转子之间有一定的偏心距。转子式机油泵的优点是结构紧凑，供油量大，供油均匀，噪声小，吸油真空度较高，如图4-4和图4-5所示。

这些杂质随同机油进入润滑系统，将加剧发动机零件的磨损，还可能堵塞油管或油道，如图4-6所示。

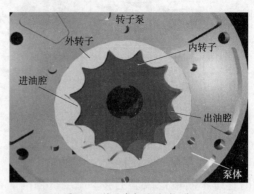

图4-5 转子式机油泵（二）

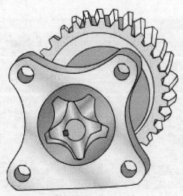

图4-4 转子式机油泵（一）

2 机油滤清器

机油滤清器的功用是滤除机油中的金属磨屑、机械杂质和机油氧化物。如果

图4-6 科鲁兹LDE发动机油滤清器

3 油底壳

油底壳的作用是封闭曲轴箱作为储油槽的外壳，防止杂质进入，并收集和储存由柴油机各摩擦表面流回的润滑油，散去部分热量，防止润滑油氧化。

油底壳多由薄钢板冲压而成，内部装有稳油挡板，以避免柴油机颠簸时造成的右面振荡激溅，有利于润滑油杂质的沉淀，侧面装有油尺，用来检查油量。此外，油底壳底部最低处还装有放油螺塞。

三、润滑系统的工作过程

1. 润滑油道的认识

如图4-7~图4-10所示，图4-7中表示的为润滑油油道。

图4-10 曲轴主轴进油口

2. 润滑油路

油底壳内的润滑油经粗集滤器滤掉大的机械杂质后，被机油泵压入机油滤清器后分三路送出。第1路经主油道后分为两支：一支送入曲轴主轴承分油道，润滑主轴承，经曲轴内油道滑润连杆大端轴承，再经连杆内油道润滑连杆小端轴承后回到油底壳；另一支则进入中间轴的轴承（AJR型发动机无中间轴）后流回油底壳。第2路从主油道进入凸轮轴的轴承后再润滑气门机构，然后流回油底壳。第3路，在主油道油压太高或流量太大的情况下，润滑油冲开安全阀，分流回油底壳，如图4-11所示。

图4-7 位于汽缸体和汽缸盖上的油道

图4-8 汽缸体进油口

图4-9 机油泵进入汽缸体的进油口

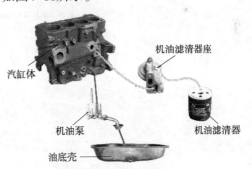

图4-11 润滑系统油道示意图

轿车无论采用何种型号的发动机，其润滑系统都是压力润滑与飞溅润滑相结合的复合润滑系统。桑塔纳轿车润滑系统的结构与油路如图4-12所示。

机油在压力下供给到曲轴（8）、连杆（5）、凸轮轴调节器（1）、凸轮轴轴承表面（3）和气门挺柱（4）。所有其他运动件采用重力自流润滑或飞溅润滑。机油通过一个固定式进油滤网（9）进入转子式机油泵（10）。机油泵由曲轴驱动，机油泵体在发动机前盖（11）内。来自机油泵的加压机油经过机油冷却系统和机油滤清器（6），机油滤清器与连接至发动机气缸体前部的机油冷却系统壳体（7）集成在一起。机油滤清器为一次性滤芯式。如果机油滤清器受到限制，滤清器盖中的旁通阀能使机油油流保持连续。连杆轴承由通过曲轴的连接主轴颈与连杆轴颈的恒流油道供油。每个上主轴承圆周上的一个凹槽将机油输送至钻出的曲轴油道。加压机油通过汽缸盖节流孔流入汽缸盖，然后流入每个凸轮轴供油油道。发动机机油压力开关或传感器安装在端部。机油通过铸造在汽缸盖内的油道流回油底壳。曲轴箱通风系统不包含于润滑系统中，而是包含在机油回路中。该系统用来消耗燃烧过程中产生的蒸气，而不是将蒸气排入大气。来自进气系统的新鲜空气被提供给曲轴箱，与窜缸混合气混合，然后通过曲轴箱通风管（2）的一个标定量孔进入进气歧管。

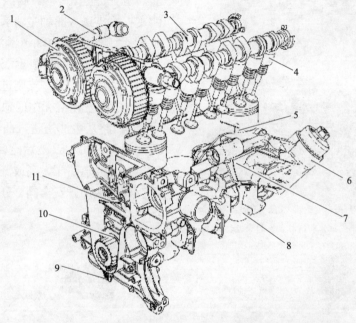

图4-12　科鲁兹LDE发动机润滑系统示意图

1-凸轮轴位置调节器；2-曲轴箱通风管；3-凸轮轴轴承表面；4-气门挺柱；5-连杆；6-机油滤清器；7-机油冷却系统壳体；8-曲轴；9-固定式进油滤网；10-转子式机油泵；11-发动机前端盖

任务 2 润滑系统的拆卸

（1）场地准备。准备发动机台架、工具、工具架、零件架和学生用课桌，如图4-13所示。

图4-13 科鲁兹LDE发动机拆装场地布置图

（2）拆去进排气管等附件，如图4-14所示。拆去附件后为曲柄连杆机构秃机，如图4-15所示。

图4-14 拆卸外部附件

图4-15 曲柄连杆机构秃机

（3）摇动台架，使发动机缸体倒置，如图4-16所示。拆卸油底壳，如有机油应先放尽机油。旋下油底壳上的所有螺栓，如图4-17所示。

图4-16 摇动发动机台架倒置

图4-17 旋下油底壳上的所有螺栓

（4）拆下油底壳，如图4-18所示。必要时用橡胶锤子轻轻敲击。油底壳如图4-19所示。

图4-18 拆下油底壳

图4-19 油底壳

（5）拆下曲轴前油封凸缘，如图4-20和图4-21所示。

图4-20 拆卸曲轴前油封凸缘

图4-21 曲轴前油封凸缘

（6）拆卸油封垫，如图4-22所示。拆下机油泵保护罩，如图4-23所示。

图4-22 油封垫

（7）拆下机油泵护罩，如图4-24所示。机油泵护罩如图4-25所示。

图4-23 拆下机油泵保护罩

图4-24 拆下机油泵护罩

图4-25 机油泵护罩

（8）拆下转子和定子，使用T形套筒拆下机油泵和挡油板，如图4-26所示。外转子如图4-27所示，机油泵壳体，如图4-28所示。

图4-26 拆卸机油泵和挡油板

（9）机油滤清器的拆卸。使用机滤扳手拆卸机油滤清器，如图4-29所示。拆下机油滤清器，如图4-30所示。

图4-27　外转子

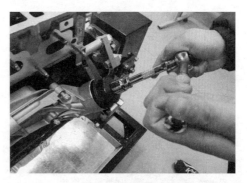

图4-29　使用机滤扳手拆卸机油滤清器

图4-28　机油泵壳体

图4-30　拆下机油滤清器

任务 3　润滑系统的装配

（1）安装机油泵外部转子与内部转子，如图4-31所示。

图4-31　安装机油泵内部转子和外部转子

提示

用（16±1）N·m的力矩拧紧机油泵与机油泵护罩的紧固螺栓，如图4-32所示。

图4-32　紧固机油泵护罩紧固螺栓

（2）安装油封垫，如图4-33所示。

图4-33　安装前油封垫

（3）紧固前油封凸缘，如图4-34所示。

图4-34　紧固前油封凸缘

提示

用50N·m的力矩拧紧链轮与机油泵的紧固螺栓。

安装链条张紧器，如图4-35所示。

图4-35　安装链条张紧器

（4）摇紧主轴承盖螺栓，使用扭力扳手拧紧曲轴皮带轮，如图4-36和图4-37所示。

（5）安装油底壳，摇紧油底壳螺栓，如图4-38所示。交替对角拧紧油底壳与汽缸体的紧固螺栓，如图4-39所示。

图4-36 摇紧主轴承盖螺栓

图4-39 使用扭力扳手对角紧固螺栓

（6）安装机油滤清器，先安装新的滤芯，使用新机油润滑，如图4-40所示。使用机油滤清器扳手紧固，如图4-41所示。

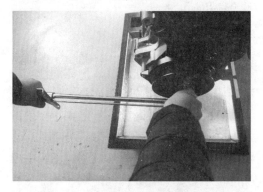

图4-37 使用扭力扳手拧紧曲轴皮带轮

图4-40 涂抹一层新的润滑油

图4-38 摇紧油底壳螺栓

图4-41 使用机油滤清器扳手紧固

任务 4　机油的认识及机油液位的检查

一　相关知识

1 机油的功用

（1）润滑：机油在运动零件的所有摩擦表面之间形成连续的油膜，以减小零件之间的摩擦。

（2）冷却：机油在循环过程中流过零件工作表面，可以降低零件的温度。

（3）清洗：机油可以带走摩擦表面产生的金属碎末及冲洗掉沉积在汽缸、活塞、活塞环及其他零件上的积炭。

（4）密封：附着在汽缸壁、活塞及活塞环上的油膜，可起到密封防漏的作用。

（5）防锈：机油有防止零件发生锈蚀的作用。

习惯上把高温、高压下的边界润滑称为极压润滑。机油在极压条件下的抗摩性称为极压性。

2 机油的选用

（1）根据汽车发动机的强化程度选用合适的机油使用级。

（2）根据地区的季节气温选用适当黏度等级的机油。

3 合成机油

合成机油是利用化学合成方法制成的润滑剂。其主要特点是有良好的黏度-温度特性，可以满足大温差的使用要求；有优良的热氧化安定性。使用合成机油，发动机的燃油经济性会稍有改善，并可降低发动机的冷起动转速。目前，合成机油的价格比从石油提炼出来的机油贵。但是，随着生产规模的扩大和制造工艺的改进，合成机油的价格将会越来越便宜。未来将是合成机油的时代。

4 润滑脂

润滑脂是将稠化剂掺入液体润滑剂中所制成的一种稳定的固体或半固体产品，其中可以加入旨在改善润滑脂某种特性的添加剂。润滑脂在常温下可附着于垂直表面而不流淌，并能在敞开或密封不良的摩擦部位工作，具有其他润滑剂所不能代替的特点。因此，在汽车的许多部位都使用润滑脂润滑。

目前，进口汽车和国产新车普遍推荐使用汽车通用锂基润滑脂(GB/T 5671—1985)。这种润滑脂具有良好的高低温适应性，可在-30 ~ 120℃的宽阔温度范围内使用；具有良好的抗水性和防锈性能，可用于潮湿和与水接触的摩擦部位；具有良好的安定性和润滑性，在高速运转的机械部位使用，不变质、不流失，保证润滑。它能够满足我国从哈尔滨到海南岛广大地区汽车的使用要求，与使用钙基或复合钙基润滑脂比较，可以延长换油期2倍，使润滑和维护费下降40%以上。

5 机油变质的原因

发动机机油使用一段时间后，颜色会逐渐变黑，其他颜色都是不正常的现象。促使机油发黑的原因主要有四项：

（1）发动机运转过程中，燃油会出现不完全燃烧，汽油中烯烃含量越高就越容易被氧化，而形成黑色油泥。

（2）空气滤清器过滤效果不好，灰尘进入汽缸黏附在缸壁上，被活塞环刮到油底壳内与机油混合。

（3）活塞环与缸壁间隙过大，造成大量的高温气体窜入油底壳使机油氧化。

（4）每次换油不清洗发动机或不更换机油滤芯，新油被未放干净的废油污染，新油将发动机内的胶质、积炭、油泥等清洗下来后混入机油中使之发黑。

如果机油使用一段时间后出现颜色变灰、变白，说明加注机油中混入了水，而发生乳化。机油的基本性能已完全丧失，发动机冷却系统与燃烧系统有泄漏，不宜继续使用。请立即与维修站联系进行彻底检修。

6 机油液位检查的重要性

如果机油低于规定值并不仅影响到了发动机的工作，将对发动机造成致命的伤害。正常的情况下机油也会消耗，影响机油消耗量的因素如下。

（1）机油的黏度：机油的黏度越低，其密封效果越差，被吸入燃烧室的量就越多。

（2）车辆的驾驶状况：高速行驶以及频繁的加速和减速，将增加机油的消耗。

（3）高速行驶过程中，稀释的成分将蒸发，因此高速行驶后会发现机油过度消耗。

（4）由于新发动机没有经过磨合，因此将消耗更多的机油。

由以上分析可知，机油消耗是不可避免的，因此要定期定时检查油位。另外一点，机油在使用过程中会由于吸附水蒸气而变稀，所以在判断机油的消耗时难以正确地判断出真实的油位。因此即使机油油位正常也要按照行驶里程的要求进行定期更换。最后建议大家最长每1000km检查一次机油液位，如果条件允许最好在每次加油时进行检查。

二 发动机机油液位检查方法

（1）将发动机处于冷车状态，保证机油回流到油底壳。机油尺如图4-42所示。

图4-42 机油尺

（2）拔出机油尺，如图4-43所示。为了保证得到的机油液位准确，先使用一块干净的布，擦净机油尺，如图4-44所示。

图4-43 拔出机油尺

图4-44 清洁机油尺

（3）再次放回机油尺，拔出机油尺，如图4-45所示。观察机油液位，如图4-46所示。

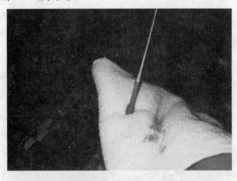

图4-45　再次拔出机油尺

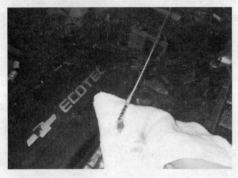

图4-46　观察机油液位

提示

机油尺拔出时，应尽量为垂直位置，这样可以防止机油流动，产生误差。

（4）当机油位置位于图4-47所示的位置时，机油位置正确。机油正确位置如图4-48所示。

图4-47　检查机油液位

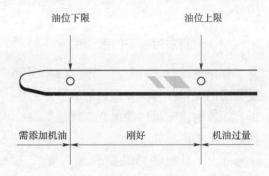

图4-48　机油液位示意图

项目五

冷却系统的构造与维护

知识点

1. 掌握冷却系统的组成、功用；
2. 理解冷却系统的工作原理；
3. 认知发动机冷却系统各部分组成。

技能点

1. 能够完成发动机冷却液的排放；
2. 拆卸冷却系统散热器、节温器、水泵。

参考学时

12学时。

主要实训器材

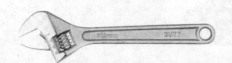

活扳手

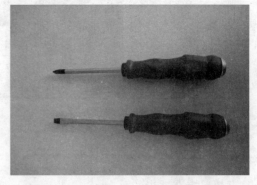

一字螺丝刀、十字螺丝刀

T形六角套筒扳手

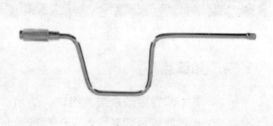

弓形杆

预置式扭力扳手

任务 1 冷却系统的认知

一、概述

1. 冷却系统的功用

冷却系统的功用是使发动机在所有工况下都保持在适当的温度范围内。冷却系统既要防止发动机过热,也要防止冬季发动机过冷。在发动机冷起动之后,冷却系统还要保证发动机迅速升温,尽快达到正常的工作温度,发动机冷却系统如图5-1所示。

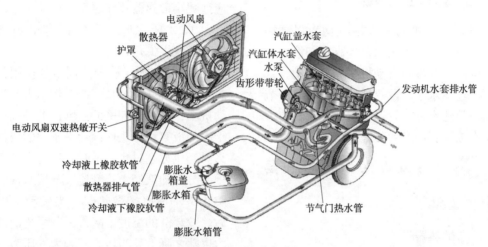

图5-1 发动机冷却系统

2. 冷却系统的分类

发动机的冷却系统有风冷与水冷之分,以冷却液为冷却介质的称为水冷系统,如图5-2所示;以空气为冷却介质的冷却系统称为风冷系统,如图5-3所示。目前在汽车上应用比较广泛的是强制循环水冷系统。

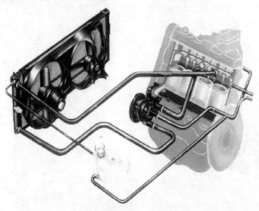

图5-2 桑塔纳轿车水冷系统

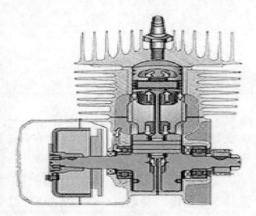

图5-3 风冷系统

③ 冷却系统的组成

汽车发动机的水冷系统均为强制循环水冷系统，即利用水泵提高冷却液的压力，强制冷却液在发动机中循环流动。这种系统包括水泵、散热器、冷却风扇、节温器、补偿水桶、发动机机体和汽缸盖中的水套以及其他附加装置等。

二、汽车发动机冷却系统主要部件的认知

① 散热器

发动机水冷系统中的散热器由进水室、出水室及散热器芯三部分构成。冷却液在散热器芯内流动，空气在散热器芯外通过。热的冷却液由于向空气散热而变冷，冷空气则因为吸收冷却液散出的热量而升温，所以散热器是一个热交换器，如图5-4所示。

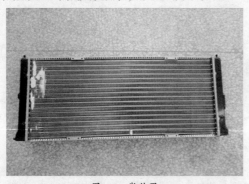

图5-4 散热器

② 散热器盖

现代的汽车发动机强制循环水冷系都用散热器盖严密地盖在散热器加冷却液口上，使水冷系统成为封闭系统，通常称这种水冷系统为闭式水冷系统。其优点：

（1）闭式水冷系统可使系统内的压力提高98～196kPa，冷却液的沸点相应地提高到120℃左右，从而扩大了散热器与周围空气的温差，提高了散热器的换热效率。由于散热器散热能力的增强，可以相应地减小散热器尺寸。

（2）闭式水冷系统可减少冷却液外溢及蒸发损失。

如图5-5所示，散热器盖的作用是密封水冷系统并调节系统的工作压力。当发动机工作时，冷却液的温度逐渐升高。由于冷却液容积膨胀使冷却系统内的压力增高。当压力超过预定值时，压力阀开启，一部分冷却液经溢流管流入补偿水桶，以防止冷却液胀裂散热器。当发动机停机后，冷却液的温度下降，冷却系统内的压力也随之降低。当压力降到大气压力以下出现真空时，真空阀开启，补偿水桶内的冷却液部分地流回散热器，可以避免散热器被大气压力压坏。

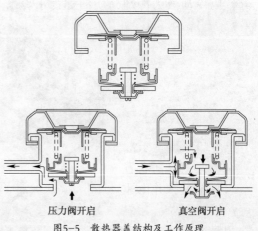

压力阀开启　　真空阀开启

图5-5 散热器盖结构及工作原理

③ 补偿水桶

当冷却液受热膨胀时，部分冷却液流入补偿水桶，如图5-6所示；而当冷却液降温时，部分冷却液又被吸回散热器，所以冷却液不会溢失。补偿水桶内的液面有时升高，有时降低，而散热器却总是为冷却液所充满，如图5-7所示。在补偿水桶的外表面上刻有两条标记线："低"线和"高"线，补偿水桶内的液面应位于两条标记线之间。若液面低于"低"线时，应向桶内补充冷却液。在向桶内添加冷却液时，液面不应超过"高"线。补偿水桶还可消除水冷系统中的所有气泡。

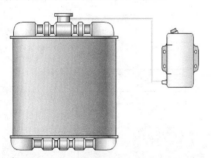

图5-6 补偿水桶

图5-7 补偿水桶实物

④ 冷却风扇

冷却风扇置于散热器后面。当发动机在车架上纵向布置时，风扇一般安装在水泵轴上，并由驱动水泵和发电机的同一根V带传动。如图5-8所示，风扇的功用是当风扇旋转时吸进空气使其通过散热器，以增强散热器的散热能力，加快冷却液的冷却速度。汽车发动机冷却系统多采用低压头、大风量、高效率的轴流式风扇，即风扇旋转时，空气沿着风扇旋转轴的轴线方向流动。台架风扇如图5-9所示。

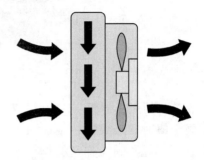

图5-8 冷却风扇工作原理

图5-9 台架风扇

⑤ 节温器

节温器是控制冷却液流动路径的阀门。当发动机冷起动时，冷却液的温度较低，这时节温器将冷却液流向散热器的通道关闭，使冷却液经水泵入口直接流入机体或汽缸盖水套，以便使冷却液能够迅速升温。如果不安装节温器，让温度较低的冷却液经过散热器冷却后返回发动机，则冷却液的温度将长时间不能升高，发动机也将长时间在低温下运转，如图5-10所示。同时，车厢内的暖风系统以及用冷却液加热的进气管都在长时间内不能发挥作用。

项目五 冷却系统的构造与维护

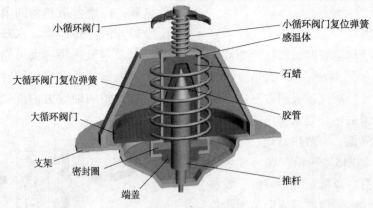

图5-10 蜡式节温器

节温器的工作原理：当冷却液温度低于规定值时，节温器感温体内的石蜡呈固态，节温器阀在弹簧的作用下关闭发动机与散热器间的通道，冷却液经水泵返回发动机，进行小循环，如图5-11所示。

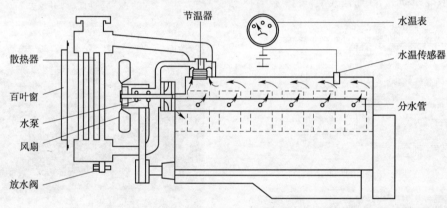

图5-11 冷却系统小循环

当冷却液温度达到规定值后，石蜡开始熔化逐渐变成液体，体积随之增大并压迫橡胶管使其收缩。在橡胶管收缩的同时对推杆作用以向上的推力。由于推杆上端固定，因此，推杆对胶管和感温体产生向下的反推力使阀门开启。这时冷却液经由散热器和节温器阀，再经水泵流回发动机，进行大循环，如图5-12所示。

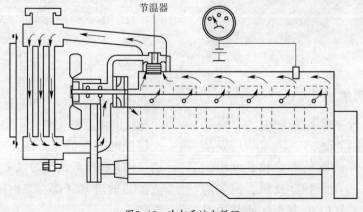

图5-12 冷却系统大循环

6 水泵

水泵的功用是对冷却液加压,保证其在冷却系统中循环流动。水泵一般由曲轴通过V带驱动,如图5-13和图5-14所示。

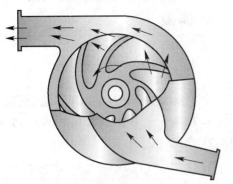

图5-13 冷却水泵工作原理图

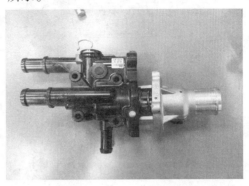

图5-14 科鲁兹水泵与节温器总成

任务 2　冷却液的排放

（1）场地准备，检查工具。

（2）起动发动机至热机状态，冷却液温度预热至80℃左右。

（3）在点火开关切断的情况下，拔下蓄电池搭铁线，如图5-15和图5-16所示。

图5-15　点火开关位于切断状态

图5-16　拔下蓄电池搭铁线

（4）旋开膨胀水箱盖。在旋开膨胀水箱盖时，可能会有蒸汽喷出。在膨胀水箱盖上盖一块抹布，小心地旋开膨胀水箱盖，如图5-17所示。

图5-17　旋开膨胀水箱盖

（5）排放冷却液。

使用尖嘴钳松开冷却液下水管软管，如图5-18所示。拔出软管，如图5-19～图5-21所示。

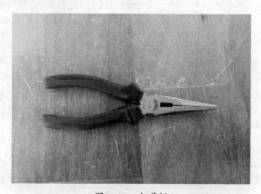

图5-18　尖嘴钳

图5-19　散热器水管

图5-20　松散热器下水管卡箍

图5-21 取下散热器下水管

（6）收集冷却液。

使用一个干净的容器收集排放出来的冷却液，如图5-22所示。

图5-22 使用一个干净的容器收集冷却液

任务 3　散热器、节温器、水泵的拆卸

一、拆卸散热器

（1）拆下散热器水管，如图5-23和图5-24所示。

图5-23　松散热器进水管卡箍

图5-24　拆下散热器排气管

注意

为防止损坏冷凝器及制冷剂管路，不要压迫、扭曲及弯曲制冷剂管路。

（2）拆下风扇热敏开关，拔下热敏开关连线如图5-25所示；拔下风扇电动机线，如图5-26所示。

（3）使用开口扳手拆下热敏开关，如图5-27所示，热敏开关如图5-28所示。

图5-25　拔下热敏开关连线

图5-26　拔下风扇电动机线

图5-27　使用开口扳手拆下风扇热敏开关

图5-28　热敏开关

（4）拆下电子风扇罩固定螺栓，如图5-29所示。拆下电子风扇，如图5-30所示。

图5-29 拆下电子风扇罩固定螺栓

图5-30 拆下电子风扇

（5）拆下散热器，如图5-31所示。

图5-31 拆下散热器

二 拆卸冷却系统节温器

（1）拆下节温器盖，如图5-32所示。

图5-32 松下节温器盖

（2）取下节温器盖与节温器，如图5-33所示。

图5-33 节温器盖与节温器

三 拆卸水泵

（1）拆下正时齿形带防护罩，如图5-34所示。拆下正时齿形带后防罩，如图5-35所示。

图5-34 拆下正时齿形带防护罩

图5-35 拆下正时齿形带后防护罩

（2）松正时齿形带张紧轮，拆下正时齿形带，如图5-36所示

图5-36 松正时齿形带张紧轮

（3）拆下正时齿形带，如图5-37所示。松开水泵皮带轮，如图5-38所示。

图5-37 取下正时齿形带

图5-38 松开水泵皮带轮

（4）小心取出水泵，如图5-39和图5-40所示。

图5-39 取下水泵

图5-40 冷却系统水泵

项目六

燃料供给系统的构造与维护

 知识点

1. 掌握汽车燃油系统的组成；
2. 掌握汽车燃油系统的工作原理；
3. 掌握汽车燃油系统主要部件的作用及其工作原理。

 技能点

1. 燃油滤清器的更换；
2. 喷油器的清洗；
3. 燃油系统的免拆清洗。

 参考学时

12学时。

主要实训器材

别克凯越轿车

喷油器超声波清洗检测仪

发动机燃油系统免拆清洗仪

任务 1 燃料供给系统的认知

一、汽油机燃料供给系统的组成

如图6-1所示,汽油机燃料供给系统主要由汽油箱、电动燃油泵、汽油滤清器、燃油共轨、压力调节器和喷油器等组成。有的电控汽油机还有冷起动喷油器、油压脉动缓冲器等部件,但总体构成上基本相似。

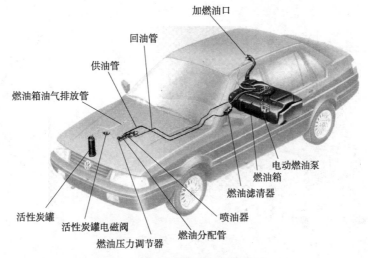

图6-1 汽油机燃油供给系统的组成

汽油流动路线如图6-2所示。压力调节器的回油管让多余汽油流回汽油箱,但部分现代新型汽油喷射发动机,压力调节器是安装在汽油箱内的电动汽油泵总成上,故无此回油管。

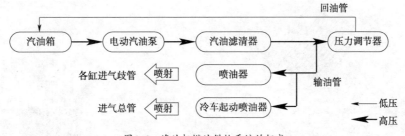

图6-2 汽油机燃油供给系统的组成

二、汽油机燃油供给系统各主要部件

1. 汽油箱

汽油箱是储存汽油的装置,如图6-3所示。汽油箱一般采用钢板制成,内部进行防锈处理;现代汽车为减轻质量,部分汽油箱采用合成树脂制成。

如图6-4所示,汽油箱主要由加油口、加油管、油面指示传感器、箱内式滤网及汽油箱本体组成。现代汽车均设有防止HC排出的蒸发气体排出控制装置，故采用图6-5所示的加油口盖，盖内有压力释放阀与真空释放阀。

图6-3　汽油箱

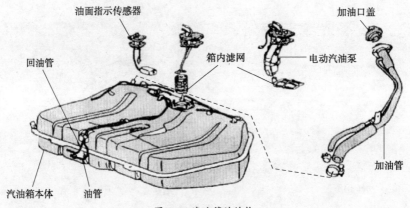

图6-4　汽油箱的结构

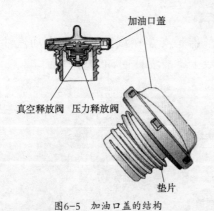

图6-5　加油口盖的结构

2 电动汽油泵

电动汽油泵（图6-6）的作用是将汽油从油箱内吸出，供给喷油器。其安装形式主要有两种：一种是外装式，即安装在油箱外输油管路中；另一种是内装式（图6-7），即安装在油箱内部。后者应用广泛，其优点是：不易产生气堵和燃油泄漏，且噪声小。

图6-6　电动汽油泵

图6-7 内装式汽油泵

电动汽油泵按其结构可分为：滚珠式、叶片式和齿轮式等。

③ 汽油滤清器

汽油滤清器的作用是滤去汽油中的水分和杂质，保证喷油器的正常工作。

滤清器使用到规定的里程后，应更换。一般行驶3万~4万km，每两个二级维护作业周期应更换一次汽油滤清器及其连接油管的卡箍。安装滤清器时，应注意安装方向，标有"IN"的一端应接进油管，标有"OUT"的一端应接出油管；也有用箭头表示汽油流向的，如图6-8所示。

图6-8 汽油滤清器

④ 燃油共轨（燃油分配管）

燃油共轨如图6-9所示，燃油共轨是将一定压力的燃油配送给各个喷油器或冷起动喷油器。

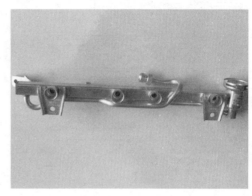

图6-9 燃油共轨

⑤ 燃油压力调节器

燃油压力调节器的主要作用是吸收燃油管路中的压力脉动，使燃油输送管路内的脉动压力传递减弱，燃油喷射控制更准确；使燃油分配管路与进气歧管之间的压力差保持恒定。喷油器的喷油量只受喷油时间的影响，从而使ECU能够精确控制喷油器的喷油量。一般燃油压力调节器采用机械膜片式，典型的燃油压力调节器的结构如图6-10和图6-11所示。

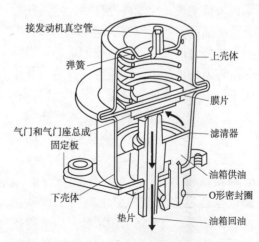

图6-10 燃油压力调节器结构（一）

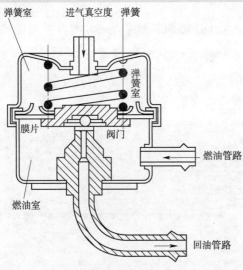

图6-11 燃油压力调节器结构(二)

燃油压力调节器由金属壳体、弹簧、膜片、阀门等组成。膜片将金属壳体的内腔分成两个腔室：一个是弹簧室，内装一个具有一定预紧力的螺旋弹簧，它的预紧力作用在膜片上，弹簧室通过软管引入进气歧管的负压；另一个是燃油室，通过两个管接头与燃油分配管及回油管相连。发动机运转时，进气歧管的负压和弹簧预紧力共同作用在膜片上。燃油泵供给的燃油同时输送到喷油器和压力调节器的燃油室，若油压低于预定值，球阀将回油孔关闭，燃油不再进一步流动。当油压超过预定值时，弹簧室的弹簧被进一步压缩，燃油压力推动膜片使阀向上移动，回油孔打开，燃油经回油管流回油箱。

一部分燃油经回油孔流回油箱，燃油分配管内的油压下降，膜片在弹簧力的作用下向下移动到原来位置，球阀将回油孔关闭，燃油分配管内的油压不再下降。

由于进气歧管内真空度是随发动机工况而变化的，即使喷油信号的持续时间和喷油压力保持不变，工况变化时喷油量也会发生少量的变化。为了得到精确的喷油量，如图6-12所示，必须使燃油分配管路中的油压A和进气歧管真空度B的总和保持不变。燃油压力调节器就是利用进气歧管真空度变化时膜片带动阀门改变回油量来保证压差恒定的。作用在膜片上方的进气歧管负压用来调节燃油分配管内的压力。若弹簧的预紧力为0.255 MPa(2.55kgf/cm^2)，进气歧管负压为零时，燃油分配管内的压力保持在0.255MPa。发动机在怠速工况时，进气歧管压力约为–0.054MPa，此时回油孔开启的燃油压力为0.201MPa。节气门全开时，进气歧管的压力约为–0.005MPa，这时回油孔开启的燃油压力变为0.25MPa，即节气门全开时的油压调整值自动调整为0.25 MPa。

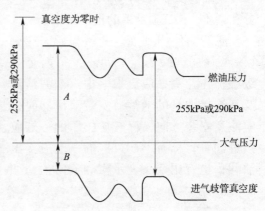

图6-12 燃油压力调节器油压与真空度关系

电动燃油泵停止工作时，膜片在弹簧力的作用下，将回油孔关闭，使电动燃油泵与燃油压力调节器之间的油路内保持一定的残余压力。

6 喷油器

1）作用

喷油器是执行喷油任务的最终元件，向发动机提供一定量的经过雾化的燃油。

2）喷油器的安装方法和结构

汽油从喷油器顶端进入，垂直向下流动。喷油器下端伸入进气歧管，上端连接燃油共轨，用扣夹固定，上、下均有O形密封圈，如图6-13所示。

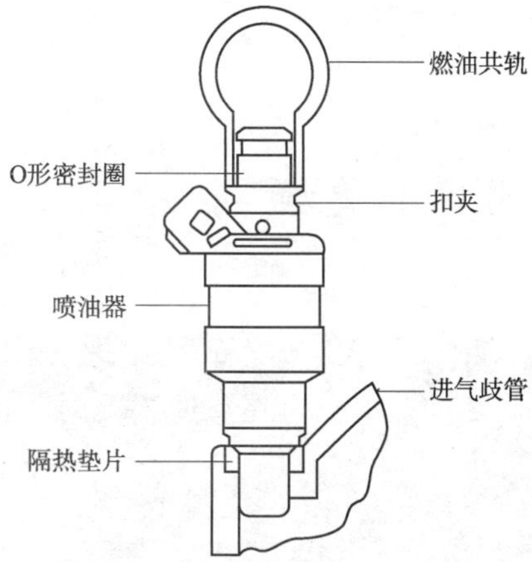

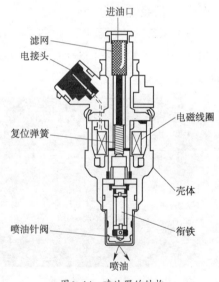

图6-13 喷油器的安装方法

喷油器的结构如图6-14所示，由滤网、O形密封圈、电磁线圈、电枢、阀体及针阀等组成。喷油器也是电子控制系统的执行器，由ECM控制其作用。

图6-14 喷油器的结构

3）分类

（1）根据用途不同可分为多点式喷油器和单点式喷油器。

（2）根据供油方式不同可分为上部供油式喷油器和下部供油式喷油器。

（3）根据喷口形式不同可分为孔式喷油器和轴针式喷油器。

（4）根据喷油器电磁线圈电阻不同可分为高电阻式喷油器和低电阻式喷油器。

4）电压控制高电阻式喷油器的电路及作用

高电阻式喷油器内部电阻一般为12~16Ω，工作电压为12V。

图6-15所示为电压控制高电阻式喷油器电路。当ECM内的晶体管根据信号而处于ON时，喷油器电路接通，蓄电池电压经主继电器，直接供应给喷油器。

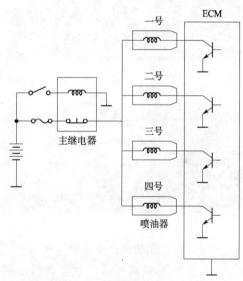

图6-15 电压控制高电阻式喷油器电路

ECM根据发动机不同的运转工况，控制不同的脉冲宽度信号给喷油器；脉冲宽度越宽，喷油时间就越长，喷油量就越多。

项目六 燃料供给系统的构造与维护

任务 2 燃油滤清器的更换

以凯越轿车为例,介绍燃油滤清器的更换。

一、释放燃油系统压力

(1)如图6-16所示,打开发动机罩。

图6-16 打开发动机罩

(2)起动发动机,维持怠速运行。

(3)如图6-17所示,在发动机运转时,打开发动机舱电器盒盖,用专用夹子拔下电动燃油泵熔断丝,使发动机自行熄火。

图6-17

图6-17 拔下燃油泵熔断丝

(4)再使发动机起动2~3次,即可完全释放燃油系统压力。

(5)关闭点火开关,如图6-18所示,用专用夹子装上燃油泵熔断丝,盖好电器盒盖。

图6-18 装上燃油泵熔断丝

(6)如图6-19所示,放下发动机罩。

图6-19

图6-19 放下发动机罩

图6-22 按下降按钮

二 顶起汽车

（1）如图6-20所示，在举升机两侧4个合适位置各放一个垫块。

图6-20 放垫块

（2）如图6-21所示，按下举升机提升按钮，待举升机支脚与汽车底盘刚要接触时，停下再检查4个支脚的垫块的位置是否合适，否则应调整。如正确就继续按提升按钮将汽车提高到所需位置。然后再如图6-22所示，按举升机下降按钮，待汽车不能下降时松开按钮。

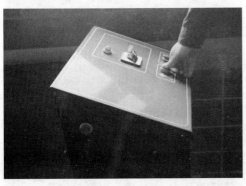

图6-21 按提升按钮

三 更换燃油滤清器

（1）用右手拇指顶在汽油滤清器底部，左手慢慢脱开汽油滤清器稳定支架，如图6-23所示。

图6-23 松开汽油滤清器托架紧固螺栓

（2）如图6-24所示，松开夹箍，拔下汽油滤清器的油管，使用一块抹布防止剩余的汽油滴落。

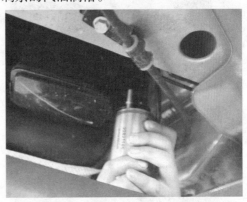

图6-24 拔下汽油滤清器的油管

（3）如图6-25所示，取下旧汽油滤清器。

项目六 燃料供给系统的构造与维护

图6-25 取下旧汽油滤清器

（4）如图6-26所示，在新的燃油滤器上接好燃油管。

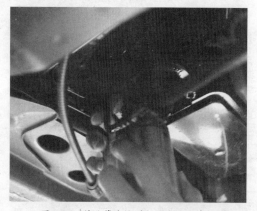

图6-26 将油管连接到新的汽油滤清器

（5）如图6-27所示，将新的燃油滤清器推进燃油滤清器支架。

图6-27 安装新汽油滤清器

四 放下汽车

（1）如图6-28所示，将举升机POWER旋钮从"0"位旋至"1"。

图6-28 打开举升机电源

（2）如图6-29所示，按举升机下降按钮，将汽车放下。

（3）取走垫块。

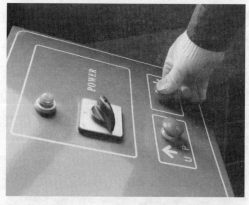

图6-29 拉保险拉锁松开保险

五 检查

起动发动机运转一会后，再次提升汽车，检查各管路是否有漏油现象，若有，则需重新安装，直至无渗漏现象为止。

任务 3 燃料供给系统的清洗

以凯越轿车为例,介绍清洗燃料供给系统的方法。

一 喷油器的超声波清洗

(1)向喷油器清洗槽内倒入一定容量的专用清洗液。

(2)如图6-30所示,将试验台喷油器控制线插入各喷油器的插座上,然后放入清洗槽内的油嘴清洗架上,盖好盖子。

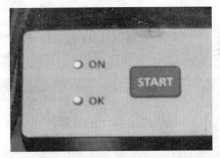

图6-31 接通超声波试验台电源进行自检

(4)按下清洗键,则自动对喷油器进行超声波清洗,10min后自动停机。

二 免拆清洗燃油系统

(1)判别服务车种为电子喷射式或机械喷射式,并确定其汽缸数。

(2)如图6-32和图6-33所示,打开发动机罩,并拔出电动燃油泵熔断丝。

图6-30 连接喷油器控制线

(3)如图6-31所示,插上试验台的电源插座,接通电源,试验台将自动进行功能自检,当自检功能正常时,"OK"指示灯将点亮。

图 6-32

图6-32 打开发动机罩

图6-33 拔下燃油泵熔断丝

（3）如图6-34所示，找到发动机燃油共轨上的备用接口，并旋下盖子。

图6-34 旋下备用接口盖子

（4）如图6-35~图6-37所示，从随机接头中选择合适的接头接到燃油共轨的备用接口上，并将清洗机的出油管（橙色油管）接到快速接口上。并确认无泄漏时方可进行下一步操作。

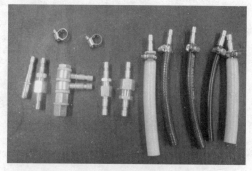

图6-35 随机接头

图6-36 接好接头

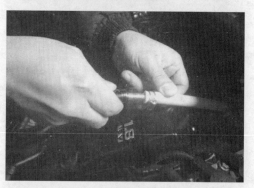

图6-37 连接清洗机出油管

（5）如图6-38所示，向清洗机储油桶加注相对适量的燃油及清洗液。若4缸车达到4CYI刻度，6缸车达到6CYI刻度，以此类推。燃油和清洗液的比例见表6-1。

燃油系统免拆清洗机加注燃油和清洗液量　　　　　表6-1

发动机汽缸数（只）	清洗液（mL）	燃油（mL）
8	295	944
6	221	708
4	148	472

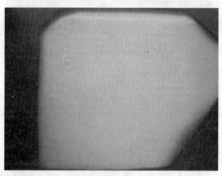

图6-38　向清洗机储油桶加注相对适量的燃油及清洗液

（6）如图6-39所示，将清洗机的转换开关旋至左边，此时进油管排油量为最大。

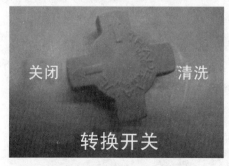

图6-39　旋转转换开关至最左端

（7）如图6-40和图6-41所示，将压缩空气连接到清洗机的空气（AIR）快速接头上，并把调压阀圆形旋钮拉起，顺时针旋转至压力表指针轻微往下晃动时为止。

图6-40　连接压缩空气

图6-41　顺时针旋转调压阀

（8）再次检查管路及各接头处是否有漏油、渗油，如有渗漏，请修复后再继续操作。

（9）慢慢调节调压阀，将清洗机的供油压力调至250kPa左右。此时起动发动机，维持怠速运转。直至发动机自动熄火，再将汽车钥匙开关扳回原处。

（10）如图6-42、图6-43所示，拆除各接头，拧好发动机燃油共轨备用接口塑料盖。

图6-42 拆除各接头

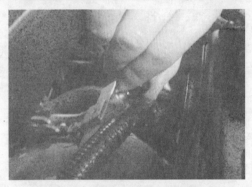

图6-43 拧好备用接口盖子

图6-44 装上燃油泵熔断丝

（11）如图6-44所示，用专用夹子装上燃油泵熔断丝，盖好电器盒盖。

（12）起动发动机并适当加速，检查各接头处是否有渗漏现象。

（13）清理现场，整理好清洗机，以备后用。

项目七

点火系统的检查、更换与调整

知识点

1. 掌握上海通用LDE型发动机点火系统组成及其作用；
2. 认知上海通用LDE型发动机点火系统零部件。

技能点

1. 了解LDE型发动机点火系统相关部件的安装位置；
2. 能够独立进行火花塞的拆装。

参考学时

8学时。

主要实训器材

通用科鲁兹1.6L实训车、发动机实训台架

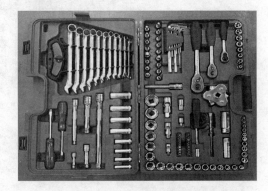
世达工具组件套(150件)

预置式扭力扳手

任务 1　点火系统的认知

一、LDE型发动机点火系统组成

图7-1所示为LDE型发动机点火系统的组成简图。

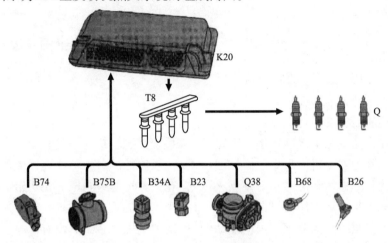

图7-1　LDE型发动机点火系统组成简图

K20-发动机控制单元；T8-点火线圈总成；Q-火花塞；B74-歧管绝对压力传感器；B75B-空气流量传感器(进气温度传感器)；B34A-冷却液温度传感器；B23-凸轮轴位置传感器；Q38-节气门位置传感器(节气门电动机)；B68-爆震传感器；B26-曲轴位置传感器

1　与发动机点火系统有关的传感器

传感器是一种信号转换装置，其功用是检测发动机在不同工况下的各种电量、物理量和化学量等参数，并将这些参数转换成计算机可以识别的电信号输入发动机控制单元，使其能根据实际工况适时精确点火。曲轴位置传感器CPS向ECU提供发动机转速、曲轴转角信号，转速信号用于计算确定点火提前角，转角信号用于控制点火时刻(点火提前角)。空气流量传感器AFS和节气门位置传感器TPS向ECU提供发动机负荷信号，用于计算确定点火提前角。冷却液温度信号CTS、进气温度信号IATS、车速信号VSS、空调开关信号A/C以及爆震传感器KS等，用于修正点火提前角。

2　发动机控制单元

电控单元（ECU）接受各种传感器和控制开关输入的发动机工况信号，根据电控单元内部预先编制的控制程序和存储的实验数据，通过数学计算和逻辑判断，确定出适合发动机工况的点火提前角等参数，并将这些参数转换成电信号，向点火控制器发出最佳点火提前角和点火线圈初级电路导通时间的控制信号，从而使发动机保持最佳运行状态。

3　点火线圈总成

点火线圈总成由点火控制器和点火线

圈两部件组成，它们的作用在于接受电控单元发出的控制指令，适时接通或切断点火线圈初级电流，并产生高压电点燃汽缸内的可燃混合气体。

二 概述

汽油机在压缩接近上止点时，可燃混合气是由火花塞点燃的，从而燃烧对外做功，为此，汽油机的燃烧室中都装有火花塞。火花塞有一个中心电极和一个侧电极，两电极之间是绝缘的。当在火花塞两电极间加上直流电压并且电压升高到一定值时，火花塞两电极之间的间隙就会被击穿而产生电火花，能够在火花塞两电极间产生电火花所需要的最低电压称为击穿电压；能够在火花塞两电极间产生电火花的全部设备，称为发动机点火系统。汽油机点火系统的基本作用是准时给需要点火的汽缸提供电火花，以点燃可燃混合气。汽缸点火必须按照一定的顺序，根据发动机的转速和负载条件在精确的瞬间进行点火。

三 发动机对点火系统的基本要求

1 能产生足以击穿火花塞电极间隙的电压

击穿电压，就是击穿火花塞电极间隙的临界电压，也就是在火花塞电极间产生火花的电压。电压与火花塞的电极间隙和形状、汽缸内混合气的压力与温度、电极的温度和极性以及发功机的工作情况等因素有关。

2 火花应具有足够的能量

要使混合气可靠点燃，火花塞产生的火花应具有一定的能量。其火花能量是由火花电压、火花电流和火花持续时间决定的。要点燃混合气，不但电压要超过击穿电压，而且电火花应具有足够的能量。

3 点火时间应适应发动机的工作情况

汽油发动机的最佳点火时间，应以发动机发出的功率最大，燃料消耗量最低以及是否产生爆震等方面来考虑。由于点火时间都发生在上止点之前，所以常用点火提前角来表示。点火提前角是指从火花塞电极间跳火开始到活塞行至上止点为止这一段时间内曲轴转过的角度。

四 点火系统的发展过程

1 磁电机点火

早期汽油机的点火的是磁电机点火系统。磁电机（一种直流发电机）与一种比较原始的分电器相连，能产生高压电火花，并适时地将电火花送给需要点火的那个汽缸的火花塞。这些汽车通常没有今天所说的电气系统，没有蓄电池、发电机，也没有车身线路。

2 传统点火系统

在汽车上采用蓄电池和起动机之后，汽车电器变得比较简单和便宜了。蓄电池的电流通过闭合的触点流过初级绕组，当触点打开时，在次级绕组中产生高压电，分电器按点火顺序将高压电适时地分配给需要点的火花塞。（出现于1908年美国）

3 电子点火系统

电子点火系的工作原理与蓄电池点火系统工作原理基本相同，只是电子点火系统与蓄电池点火系统产生高压的方法不同，它利用了一些半导体元件（传感器）替代了蓄电池点火系统中的断电器，产生脉冲信号点火。常用的传感器类型有霍尔式、磁电式、光电式和磁阻效应式。（20世纪60~70年代）

4 发动机的微机控制点火系统

汽车发动机由机械装置所完成的控制功能，现在都可由电子装置来完成。电控点火系统相比电子点火系统其显著特点是去掉了分电器中的离心式和真空式点火提前调节装置，发动机的点火正时不是由分电器进行调节，而是由电子控制器来控制。分电器的唯一任务只是把次级电压从点火线圈配送给火花塞。（20世纪70年代末）无分电器电子点火系统在福特汽车上的应用始于1989年。它采用多个线圈的点火装置，去掉了分电器。因为没有分电器盖和分火头，不需维修和更换，没有分火头和分电器盖之间的火花，减小了对无线电的干扰；系统能进行自动控制，精确控制点火时间，允许将点火提前角再提前3°～4°；使用多个点火线圈，因而减少了途中故障停驶的可能性。

五　传统点火系统工作原理

如图7-2所示，电源是蓄电池，其电压为12 V或24 V，由点火线圈和断电器共同产生高压10000 V以上。分初级回路和次极回路。点火线圈实际上是一个变压器，主要由初级绕组、次极绕组和铁芯组成。断电器是一个凸轮操纵的开关。断电器凸轮由发动机配气凸轮驱动，并以同样的转速旋转，即曲轴齿轮每转两圈，凸轮轴转一圈，为了保证曲轴转两圈各缸轮流点火一次，断电器凸轮的凸棱数一般等于发动机的汽缸数，断电器的触点与点火线圈的初级绕组串联，用来切断或接通初级绕组的电路。触点闭合时，初级电路通电，电流从蓄电池的正极经点火开关、点火线圈的初级绕组、断电器触点、搭铁流回蓄电池的负极，为低压电路。触点断开时，在初级绕组通电时，其周围产生磁场，并由于铁芯的作用而加强。当断电器凸轮顶开触点时，初级电路被切断，初级电路迅速下降到零，铁芯中的磁通随之迅速衰减以至消失，因而在匝数多、导线细的次极绕组中感应出很高的电压，使火花塞两极之间的间隙被击穿，产生火花。但想要使发动机工作正常，除产生足够强度的火花外，还需要满足在断电器触点分开瞬间，次级电路中分火头恰好与侧电极对准，次级电路从点火线圈的次级绕组，经高压导线、配电器、火花塞侧电极、蓄电池流回次级绕组。

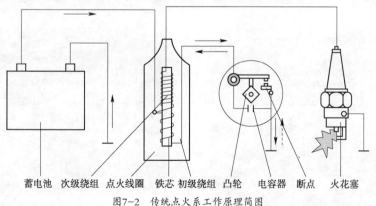

图7-2　传统点火系工作原理简图
蓄电池　次级绕组　点火线圈　铁芯　初级绕组　凸轮　电容器　断点　火花塞

六　直接点火系统工作原理

LDE型发动机使用直接点火系统(DIS)。DIS是单缸点火系统，其中每个汽缸由一个点火线圈点火，火花塞连接在各个次级绕组的末端。次级绕组中产生的高电压直接作用到各个火花塞上。火花塞产生的火花通过中央电极到达搭铁电极。

ECM确定点火正时并向每个汽缸发送点火信号(IGT)。ECM根据IGT信号接通或关闭点火器内的功率晶体管的电源。功率晶体管进而接通或断开流向初级线圈的电流。当初级线圈中的电流被切断时，次级线圈中产生高压。此高压被施加到火花塞上并使其在汽缸内部产生火花。一旦ECM切断初级线圈电流，点火器会将点火确认(IGF)信号发送回ECM，用于各汽缸点火，如图7-3所示。

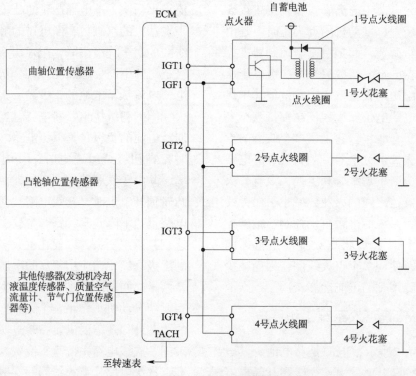

图7-3 直接点火系统工作原理简图

七、点火系统部件拆装

1. 点火线圈总成

点火线圈护罩拆卸位置指示标记，如图7-4所示。用手扣动指示标记处拆下点火线圈护罩，如图7-5所示。

图7-5 拆下点火线圈护罩

释放点火线圈线束接头的保险销后拆下点火线圈线束接头，如图7-6所示。将线束从发动机上分离，如图7-7所示。

图7-4 点火线圈护罩拆卸指示标记

图7-6 拆下点火线圈线束接头

图7-7 分离线束

使用棘轮扳手和花键旋具套筒(TX40)拆下固定点火线圈的两个固定螺栓,取下点火线圈,如图7-8、图7-9所示。

图7-8 拆下点火线圈固定螺栓

图7-9 取下点火线圈

点火线圈总成由点火控制器和点火线圈两部件组成,它们的作用在于接受电控单元发出的控制指令,适时接通或切断点火线圈初级电流,并产生高压电点燃汽缸内的可燃混合物。

2 火花塞

将高压电引进发动机燃烧室,在电极间形成火花,以点燃可燃混合气。火花塞拧装于汽缸盖的火花塞孔内,下端电极伸入燃烧室,上端连接分缸高压线。火花塞是点火系统中工作条件最恶劣、要求高和易损坏部件。

拆卸火花塞前,要清除火花塞孔处的杂物和灰尘,如图7-10所示。确认无误后,使用专用的火花塞套筒(16mm)和中号棘轮扳手,分别拆下各缸火花塞,如图7-11、图7-12所示。

图7-10 安装在汽缸盖上的火花塞

图7-11 使用工具拆下火花塞

图7-12 拆下的火花塞

任务 2 火花塞的检查、清洁或更换

一、进行检查、清洁或更换火花塞时的场地准备

通用科鲁兹1.6L实训车、预置式扭力扳手、世达工具组件套(150件)、气枪、尖嘴钳、压缩空气源、工具车、清洁用抹布、常用工具，如图7-13所示。

图7-13 实训场所准备

二、火花塞的型号

1. 火花塞的热特性

要使火花塞能正常工作，其下部绝缘体——裙部的温度应保持在500～700℃，这样才能使落在绝缘体上的油滴立即烧掉，不致形成积炭，通常称这个温度为火花塞的"自净温度"。如果温度低于自净温度，就可能使油雾聚积成油层，引起积炭而不能跳火；如果温度过高，例如超过850℃，会形成炽热点，则混合气与这样炽热的绝缘体接触时，可能在火花塞产生火花之前就自行着火，从而引起发动机早燃，使发动机遭受损坏。

火花塞裙部的工作温度取决于火花塞热特性和发动机汽缸的工作温度。火花塞热特性就是指火花塞发火部位的热量向发动机冷却系统散发的性能。影响火花塞热特性的主要因素是火花塞裙部的长度。裙部较长时，受热面积大，吸收热量多，而散热路径长，散热少，裙部温度较高，把这种火花塞称为"热型"火花塞。反之，当裙部较短时，吸热少，散热多，裙部温度较低，把这种火花塞成为"冷型"火花塞，如图7-14所示。

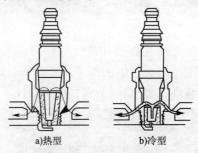

a) 热型　　　　b) 冷型

图7-14 冷型和热型火花塞

火花塞热特性常用热值表示。国产火花塞热值分别用1、2、3、4、5、6、7、8、9、10、11……阿拉伯数字表示。1、2、3为低热值火花塞；4、5、6为中热值火花塞；7、8、9及以上为高热值火花塞。热值越高，表示散热性越好。因而，小数字为热型火花塞，大数字为冷型火花塞，如图7-15所示。

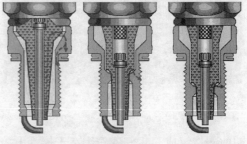

a) 低热值火花塞　b) 中热值火花塞　c) 高热值火花塞

图7-15 低热值、中热值和高热值火花塞

火花塞裙部温度还与发动机汽缸内的工作温度有关。对于大功率、高压缩比和高转速的发动机来说,燃烧室内温度高,火花塞裙部温度就高。反之,小功率、小压缩比、低转速发动机的燃烧室内温度低,火花塞裙部温度就低。因此,不同类型的发动机应选用不同热特性的火花塞。

❷ 火花塞型号

根据ZBT 37003—1989标准规定,火花塞的型号由以下三部分组成:

(1)用汉语拼音字母表示火花塞结构类型及主要尺寸,见表7-1。

火花塞结构类型及主要尺寸(单位:mm) 表7-1

代表字母	螺纹规格	安装座形式	安装螺纹旋合长度	壳体六角对边
A	M10×1	平座	12.7	16
C	M12×1.25	平座	12.7	17.5
D	M12×1.25	平座	19	17.5
E	M14×1.25	平座	12.5	20.8
E	M14×1.25	平座	19	20.8
F(G)	M14×1.25	平座	19(9.5)	20.8
(H)	M14×1.25	平座	11	20.8
(Z)	M14×1.25	平座	11	19
J	M14×1.25	平座	12.7	16
K	M14×1.25	平座	19	16
L	M14×1.25	矮形平座	9.5	19
(M)	M14×1.25	矮形平座	11	19
N	M14×1.25	矮形平座	7.8	19
P	M14×1.25	锥座	11.2	16
Q	M14×1.25	锥座	17.5	16
R	M18×1.5	平座	12	20.8
S	M18×1.5	平座	19	(22)
T	M18×1.5	锥座	10.9	20.8

注:( )表示非标准的保留产品,不推荐使用。

(2)阿拉伯数字表示火花塞热值。

(3)用汉语拼音字母或通用符号字母表示火花塞产品结构特征、发火端特征、材料特性及特殊技术要求,无字母者为普通型火花塞。若用两个以上字母表示火花塞特征及特殊技术要求时,按下列先后次序排列:

P——屏蔽型火花塞;
R——电阻型火花塞;
B——半导体型火花塞;
T——绝缘体突出型火花塞;
Y——沿面跳火型火花塞;
J——多电极型火花塞;
H——环状电极火花塞;
U——电极缩入型火花塞;
V——V型电极火花塞;
C——镍-铜复合电极火花塞;
G——贵金属电极火花塞;
F——非标准火花塞,列在型号最末位。

型号示例：

"A5"型火花塞：螺纹旋合长度为12.7mm，壳体六角对边为16mm，热值为5的M10×1平座火花垂。

F5RTC型火花塞：螺纹旋合长度为19mm，壳体六角对边为20.8mm，热值为5的M14×1.25带电阻及镍铜复合电极、绝缘体突出型平座火花塞。

三 火花塞的拆装

（1）使用10号套筒拆下蓄电池"－"极，在放置该导线时，应注意不要搭铁，如图7-16、图7-17所示。

图7-16 使用10号套筒拆下蓄电池"－"极

图7-17 放置时要注意不要搭铁

（2）释放点火线圈线束接头的保险销后，拆下点火线圈线束接头并将线束从发动机上分离后，使用棘轮扳手和花键旋具套筒(TX40)拆下固定点火线圈的两个固定螺栓，取下点火线圈，如图7-18和图7-19所示。

图7-18 拆下点火线圈固定螺栓

图7-19 取下点火线圈

（3）拆卸火花塞前，要清除火花塞孔处的杂物和灰尘。如果火花塞孔处有灰尘或杂物，可用嘴吹去灰尘和杂物；如果不易吹掉，可用抹布和螺丝刀进行清除。用布块堵住火花塞孔，防止垫圈、钉屑等杂物从火花塞孔中落入汽缸，以免造成"拉缸"及其他部件损坏。确认无误后，使用专用的火花塞套筒(16mm)、长接杆和棘轮扳手，分别拆下各缸火花塞，如图7-20所示。

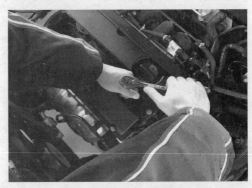

图7-20 使用火花塞套筒(16mm)、长接杆和棘轮扳手分别拆下各缸火花塞

（4）用火花塞套筒逐一卸下各缸的火花塞。拆卸时，火花塞套筒要确实套牢火花塞，否则，会损坏火花塞的绝缘磁体而导致漏电。为了稳妥，可用一只手扶住火花塞套筒并轻压套筒，另一只手转动套筒卸下火花塞，卸下的火花塞应按顺序排好，如图7-21所示。

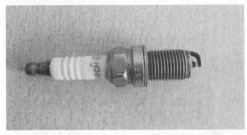

图7-21 卸下的火花塞

（5）检查火花塞，火花塞的正常状态是绝缘体端部颜色变成灰白到淡黄色。在绝缘体端部及电极上有少量易刮去或刷去的粉状堆积。壳体内呈淡灰色或由黄色到棕黑色的堆积物。上述现象表明选用的火花塞正确，发动机燃烧正常。图7-22所示为各种已损坏的火花塞实物。

a) 轻度积炭　　　　　b) 中度积炭

c) 严重积炭　　　　　d) 火花塞烧蚀

图7-22 各种已损坏的火花塞

若发现火花塞绝缘体顶端起疤、破裂或电极熔化、烧蚀都表明火花塞已烧坏，应进行更换。

对燃烧状态不好的火花塞，应先进行清洁，去除火花塞磁体上的积炭和污迹，然后检验其性能。有条件应使用火花塞清洁器清洁火花塞。

（6）安装火花塞时，先用手抓住火花塞的尾部，对准火花塞孔，用手拧上几圈，然后再用火花塞套筒拧紧，如图7-23所示。如果用手拧入感觉有困难或费力，应把火花塞取下来，再试一次，千万不要勉强拧入，以免损坏螺纹孔。为使火花塞安装顺利，可以在火花塞螺纹上涂抹一点机油。

图7-23 用手转动火花塞套筒和长接杆预紧火花塞

在安装火花塞时，为保证密封性，不能使火花塞槽内有异物。火花塞不能拧得太紧，其拧紧力矩为25N·m，以免损坏密封垫片而影响导热性能，如图7-24、图7-25所示。

图7-24 调整预置式扭力扳手的拧紧力矩

图7-25 使用预置式扭力扳手拧紧火花塞

（7）火花塞型号的选择。火花塞有许多类型，不同的汽车发动机使用的型号不尽相同。在更换前，应了解所使用汽车的发动机的火花塞类型，查阅维修手册即可。在更换新火花塞时，应将新、旧火花塞比较一下螺纹部分的长度，如果这部分长了，火花塞会凸进燃烧室中碰撞活塞顶。使用中，如果发现火花塞经常有积炭和断火现象，则表示太冷，应换用热型火花塞；若发现其有炽热点火现象、汽缸中发出冲击声，即表示过热，应换用冷型火花塞。火花塞安装的紧度要适当，以防造成漏气、垫圈损坏或绝缘体温度过高等现象。

（8）火花塞属易消耗件，一般行驶20000~30000km即应更换。火花塞更换的标志是不跳火，或电极放电部分因烧蚀而成圆形。另外，如在使用中发现火花塞经常积炭、断火，一般是因为火花塞太冷，需换用热型火花塞；若有炽热点火现象或汽缸中发出冲击声，则需选用冷型火花塞。

（9）安装点火线圈。将点火线圈放入汽缸盖并使用预置式扭力扳手和花键旋具套筒(TX40)紧固点火线圈的两个固定螺栓，其拧紧力矩为8N·m，如图7-26所示。

图7-26 安装点火线圈

（10）将线束固定在发动机上后，连接点火线圈线束接头并锁止线束保险销，如图7-27所示。安装点火线圈护罩，如图7-28所示。

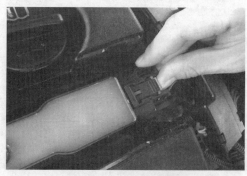

图7-27 安装点火线圈线束接头

图7-28 安装点火线圈护罩

项目八

发动机电控系统的构造与维护

知识点

1. 掌握发动机电控系统的组成；
2. 掌握主要传感器、执行器的作用；
3. 掌握简单故障的检测。

技能点

1. 能正确地更换传感器、执行器；
2. 能正确地使用解码仪进行故障码的读取与清除；
3. 能正确地进行节气门的清洗。

参考学时

12学时。

主要实训器材

雪佛兰科鲁兹轿车（2014款1.6SL AT天地版，2012年12月以后的）

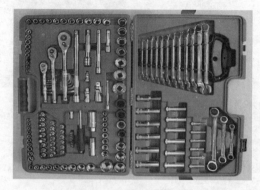

世达工具组件套（150件）

世达螺丝刀套装（6件）

KT600故障诊断仪

预置式扭力扳手

任务 1 传感器、执行器的认知

一、发动机电控系统的组成

发动机电控系统的基本组成——电子控制系统（简称电控系统）是指采用计算机等电子设备作为控制装置的自动控制系统。任何一种电控系统，其主要组成都可分为信号输入装置（传感器）、电子控制单元（ECU）和执行元件三大部分，如图8-1所示。

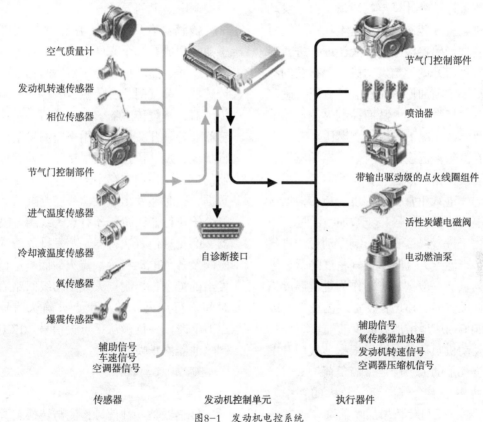

图8-1 发动机电控系统

电控系统中的信号输入装置是各种传感器。传感器的功用是采集控制系统所需的信号，并将其转换成电信号通过线路传输给ECU。电子控制单元（ECU）是一种综合控制电子装置，其功用是给各传感器提供参考（基准）电压，接收传感器或其他装置输入的信号，并对所接收的信号进行存储、计算和分析处理，根据计算和分析的结果向执行元件发出指令。执行元件是受ECU控制，具体执行某项控制功能的装置。

电控发动机的控制系统主要包括电控燃油喷射系统和电控点火系统，此外还包括怠速控制系统、进排气控制系统、增压控制系统等。

（1）电控燃油喷射系统是根据检测

103

的空气量信号以及各工况参数的信号，由发动机电子控制系统计算出发动机燃烧所需的汽油量，并适时的向喷油器提供喷油脉冲信号，然后将加有一定压力的汽油通过喷油器供给发动机。主要控制内容为喷射量和喷射定时。

汽油喷射主要控制其空燃比，空燃比指的是混合气中所含空气质量和燃油质量的比值，理论上1kg汽油完全燃烧需要空气14.7kg。而空燃比的控制是通过控制喷油器喷油的持续时间来实现的。ECU通过空气流量计信号计算空气流量，根据发动机的进气量和转速计算出基本喷油持续时间，各种传感器检测冷却液温度、进气温度、节气门开度等与发动机工况有关的参数，对基本喷油持续时间进行修正，确定最佳喷油持续时间，从而控制喷油器喷油量，等到某工况下的最佳空燃比。

在冷却液温度低的时候，燃油蒸发性差，必须供给浓混合气，才能使发动机迅速热起，进入正常工作温度，ECU根据冷却液温度传感器信号相应增加喷油量。

由于进气温度直接影响发动机的进气密度，当温度升高时，进气密度降低，影响进气量。一般把20℃，作为进气温度信号的标准信号，ECU根据进气温度低于或高于20℃相应地增加或减少喷油量。

发动机负荷状况可以根据节气门开度或由进气量的大小确定，当负荷增大时，需要使用浓混合气以获得较大的功率，ECU根据发动机负荷增加喷油量。

（2）电控点火系统的主要控制内容是点火提前角、初级回路通电时间以及防止爆震。现代电控汽车大量采用闭环控制的无分电器电控点火装置。它主要由传感器、电子控制单元（ECU）、执行器三部分组成。

科鲁兹发动机点火系统采用一个点火线圈模块，发动机控制模块通过单独的点火线圈控制电路，控制每个汽缸的点火时间。当发动机控制模块指令点火控制电路通电时，电流将流经点火线圈的初级绕组，形成一个磁场。当点火时间被请求时，发动机控制模块将指令点火控制电路断开，阻止电流流经初级绕组。由初级绕组形成的磁场穿过次级线圈绕组时减弱，产生一个穿过火花塞电极的高压。发动机控制模块使用来自曲轴位置传感器、凸轮轴位置传感器的信号，来控制点火时间的顺序及正时。发动机控制模块监测每个点火控制电路上的异常电平。

传感器有质量空气流量/进气温度传感器（集成在一个元件上）、歧管绝对压力传感器、曲轴位置传感器、凸轮轴位置传感器、节气门位置传感器、冷却液温度传感器、爆震传感器、氧传感器、车速传感器及各种开关信号，用来监测发动机运行状况；发动机控制模块接收并处理传感器的信号，根据内存中的最佳点火提前角数据，适时地发出点火信号及判缸信号等指令给执行器；执行器有点火线圈、喷油器、凸轮轴位置执行器、蒸发排放清洗电磁阀及各种电动机等。点火线圈响应ECU发出的指令，控制点火线圈初级回路通电时间进行点火，并产生点火确认信号向ECU反馈。一旦确认无点火信号，ECU控制喷油器停止喷油。

二、传感器

传感器是一种信号检测与转换装置，安装在发动机的各个部位，其功能是：检测发动机运行状态的各种电量参数、物理量和化学量等，并将这些参量转换成计算机能够识别的电量信号输入电控单元。

1. 质量空气流量传感器

质量空气流量传感器和进气温度传感器是集成在一起的。质量空气流量传感器是一个空气流量计,测量进入发动机的空气量。发动机控制模块利用质量空气流量传感器信号提供所有发动机转速和负载所需的正确燃油输送量。进入发动机的空气量小,表示减速或怠速状态。进入发动机的空气量大,表示加速或高负荷状态。安装在空气滤清器和节气门体之间的进气道上,如图8-2、图8-3所示。

图8-2　质量空气流量传感器安装位置

图8-3　质量空气流量传感器

❷ 节气门位置传感器

节气门体总成包含两个节气门位置传感器。两个节气门位置传感器的功能相反。当踩下加速踏板至节气门全开位置时,节气门位置传感器1信号电压降低,节气门位置传感器2信号电压升高。节气门位置传感器将提供一个相对节气门叶片角度变化的信号电压,此信号输入发动机控制模块,用于燃油喷射控制及其他辅助控制。节气门位置传感器安装在节气门体总成上且不可维修,如图8-4、图8-5所示。

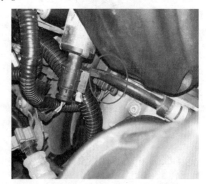

图8-4　节气门位置传感器安装位置

图8-5　节气门体及节气门位置传感器

❸ 进气温度传感器

进气温度传感器是一个可变电阻器。进气温度传感器测量进入发动机的空气温度,作为燃油喷射控制和点火控制的修正信号。进气温度传感器和质量空气流量传感器是集成在一起的,安装在空气滤清器和节气门体之间的进气道上,如图8-6、图8-7所示。

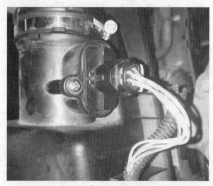

图8-6　进气温度传感器安装位置

图8-7　进气温度传感器

④ 曲轴位置传感器

曲轴位置传感器有时称为转速传感器，是一种内部磁性偏差数字输出集成电路传感装置。该传感器检查曲轴上58齿磁阻轮的齿槽磁通量变化。磁阻轮上的每个齿按60齿间隔分布，缺失的2个齿用作参考间隙。曲轴位置传感器产生一个变频的开/关直流电压，曲轴每转动一圈输出58个脉冲。曲轴位置传感器输出信号的频率取决于曲轴的转速。发动机控制模块使用每个曲轴位置信号脉冲以确定曲轴转速，并对磁阻轮参考间隙进行解码，以识别曲轴位置。然后，此信息被用来确定发动机的最佳点火和喷油时刻。安装在曲轴后端，如图8-8、图8-9所示。

⑤ 凸轮轴位置传感器

凸轮轴位置传感器是一种内部磁性偏差数字输出集成电路传感装置。该传感器检查凸轮轴上4齿磁阻轮的齿槽磁通量变化。当磁阻轮的各个齿转过凸轮轴位置传感器时，传感器电子装置会利用引起的磁场变化产生一个数字输出脉冲。传感器返回一个频率变化的数字开/关直流电压脉冲，凸轮轴每转一圈就有4个不同宽度输出脉冲，代表着凸轮轴磁阻轮的镜像。凸轮轴位置传感器输出信号的频率取决于凸轮轴的转速。发动机控制模块对窄齿和宽齿模式进行解码，以识别凸轮轴位置。然后，此信息被用来确定发动机的最佳点火和喷油时刻。发动机控制模块使用汽缸1进气凸轮轴位置传感器确认喷射器和点火系统同步。安装在凸轮轴前端，如图8-10、图8-11所示。

图8-8　曲轴位置传感器安装位置

图8-9　曲轴位置传感器

图8-10　凸轮轴位置传感器安装位置

图8-11　凸轮轴位置传感器

⑥ 氧传感器

加热型氧传感器用于燃油控制和催

化剂监测。每个加热型氧传感器将周围空气的氧含量与排气流中的氧含量进行比较。起动发动机后，控制模块在开环模式下进行，计算空燃比时忽略氧传感器信号电压。当发动机运行时，加热型氧传感器升温且开始产生介于0～1275mV的电压。控制模块监测到加热型氧传感器电压浮动达到一定程度后，则进入闭环模式。加热型氧传感器电压朝1000mV方向增加，表示燃油混合气浓。朝0mV方向减少，表示燃油混合气偏稀。安装在排气管中，如图8-12、图8-13所示。

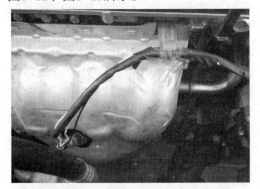

图8-12 氧传感器安装位置

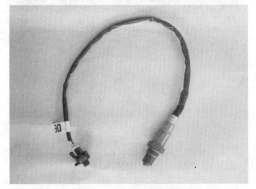

图8-13 氧传感器

⑦ 发动机冷却液温度传感器

发动机冷却液温度传感器给发动机模块提供发动机冷却液温度信号，作为燃油喷射控制和发动机的修正信号。冷却液温度传感器信号也是其他控制系统（如怠速控制和废气再循环控制等）的控制信号。安装在发动机的出水口，如图8-14和图8-15所示。

图8-14 冷却液温度传感器安装位置

图8-15 冷却液温度传感器

⑧ 爆震传感器

爆震传感器将检测到的发动机爆震信号——汽缸体振动的压力波，转变成电信号传给发动机模块，发动机模块立即将点火时间推迟，避免爆震。爆震消失后，控制系统使点火提前角逐步恢复。为了感应发动机敲缸情况，爆震传感器安装在缸体上，如图8-16、图8-17所示。

图8-16 爆震传感器安装位置

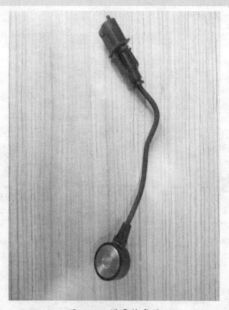

图8-17 爆震传感器

图8-19 喷油器

三 执行器

执行器是受发动机控制模块控制并具体执行某项控制功能的装置。

① 喷油器

喷油器接受发动机控制模块送来的喷油脉冲信号，精确地控制燃油喷射量。它是执行喷油任务的最终元件，向发动机提供一定量的经过雾化的燃油。安装在进气歧管上，上方连接燃油管路，下方连接进气歧管，将燃油最终喷射在进气门前方。当进气门打开时，空气将雾化后的燃油带入燃烧室，进行混合燃烧，如图8-18和图8-19所示。

② 节气门执行器

发动机控制模块是节气门执行器控制系统的控制中心。发动机控制模块根据加速踏板位置传感器的输入确定驾驶人的意图，然后根据节气门位置传感器计算相应的节气门响应量。发动机控制模块向节气门执行器控制电动机的控制电路施加可变的电压，以控制节气门。发动机控制模块监测激活节气门所需的占空比。发动机控制模块监测节气门位置传感器1和2，以确定节气门的实际位置，如图8-20、图8-21所示。

图8-20 节气门体安装位置

图8-18 喷油器安装位置

图8-21 节气门体

(3) 蒸发排放吹洗电磁阀

蒸发排放吹洗电磁阀控制蒸气从蒸发排放系统到进气歧管的流动。该常闭电磁阀（图8-22、图8-23）由发动机控制模块进行脉冲宽度调制，以精确控制流入发动机的燃油蒸气流量。蒸发排放碳罐是带有3个口的密封单元。碳罐中装有炭粒，用来吸附和存储燃油蒸气，燃油蒸气储存在碳罐中，直到发动机控制模块决定燃油蒸气可在正常燃烧过程中消耗掉。

图8-22 蒸发排放吹洗电磁阀安装位置

图8-23 蒸发排放吹洗电磁阀

任务 2 传感器、执行器的更换

一 更换质量空气流量传感器

更换质量空气流量传感器，注意点火开关必须关闭，拆下蓄电池负极接线。质量空气流量传感器一般不允许解体，拆卸质量空气流量传感器的时候要注意不要让灰尘进入进气道。

（1）拆下空气流量传感器插接口，如图8-24所示。

图8-24 拆下空气流量传感器插接口

拆下传感器插接口时，不要硬拉插接口后面的导线，每个传感器插接口都有卡销紧固。

（2）用一字螺丝刀拆下空气流量传感器与进气管的连接螺栓，如图8-25所示。

图8-25 拆下空气流量传感器与进气管的连接螺栓

（3）取出空气流量传感器，如图8-26所示。

图8-26 取出空气流量传感器

（4）更换新的空气流量传感器，按相反步骤即可进行正确安装。

二 更换节气门位置传感器

更换节气门位置传感器之前，要先关闭点火开关，拆下蓄电池负极接线，放出发动机冷却液。当要更换节气门位置传感器时，通常直接更换节气门体。

（1）用一字螺丝刀拆下节气门体与进气管的卡箍连接螺钉，如图8-27所示。

图8-27 拆下节气门位置传感器接插口

（2）取下进气管，如图8-28所示。

图8-28 取下进气管

（3）拆下节气门位置传感器插接头，如图8-29所示。

图8-29 拆下节气门位置传感器插接头

（4）断开曲轴箱强制通风管，如图8-30所示。

图8-30 拆卸通风管

（5）断开节气门体加热器出口管和进口管，将接液盘置于下面，如图8-31、图8-32所示。

图8-31 断开节气门体出口管

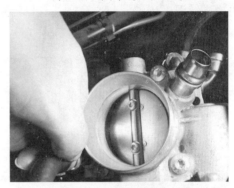

图8-32 断开节气门体进口管

（6）用内花键套筒对角拆下固定节气门体的四个螺栓，如图8-33、图8-34所示。

图8-33 拆下节气门体连接螺栓

图8-34 取下节气门体

（7）更换新的节气门位置传感器，按照拆卸的相反步骤进行安装，安装过程中应注意几根软管的接口位置。

三、更换进气温度传感器

更换进气温度传感器之前先关闭点火开关，必要时拆下蓄电池负极接线。进气温度传感器与空气流量传感器集成在一个元件上（空气流量/进气温度传感器），更换进气温度传感器与更换空气流量传感器步骤相同。

四、更换曲轴位置传感器

更换曲轴位置传感器之前先关闭点火开关，拆下蓄电池负极接线。

（1）拆下曲轴位置传感器接插口，如图8-35所示。

图8-35 拆下曲轴位置传感器接插口

（2）用4号内六角扳手拆下曲轴位置传感器固定螺栓，如图8-36所示。

图8-36 拆卸曲轴位置传感器固定螺栓

（3）取出曲轴位置传感器，更换新的曲轴位置传感器，按拆卸的相反步骤装上即可。

提示

在整车上，由于发动机其他部件布局位置影响，更换曲轴位置传感器可能需要拆卸许多其他零部件。

五、更换凸轮轴位置传感器

更换凸轮轴位置之前先断开点火开关，拆下蓄电池负极接线。

（1）拆下凸轮轴位置传感器插接头，如图8-37所示。

图8-37 拆下凸轮轴位置传感器插接头

（2）用8号花键扳手拆卸凸轮轴位置传感器与汽缸盖的连接螺栓，如图8-38所示。

图8-38 拆卸凸轮轴位置传感器与汽缸盖连接螺栓

（3）取出凸轮轴位置传感器，如图8-39所示。

图8-39 取出凸轮轴位置传感器

（4）更换新的凸轮轴位置传感器，按拆卸的相反步骤进行安装。

拆卸凸轮轴位置传感器时，会有少量机油流出，使用抹布或除油纸清洁。

六 更换氧传感器

更换氧传感器之前先断开点火开关，拆下蓄电池负极接线。

（1）拆下氧传感器插接头，如图8-40所示。

图8-40 拆下氧传感器插接头

（2）用22号开口扳手拧下氧传感器，如图8-41和图8-42所示。

图8-41 拆下氧传感器

图8-42 氧传感器

（3）更换新的氧传感器，按拆卸的相反步骤安装即可。

七 更换发动机冷却液温度传感器

更换冷却液温度传感器之前先断开点火开关，拆下蓄电池负极接线，放尽冷却液。

（1）拔下冷却液温度传感器插接头，如图8-43所示。

图8-43 拔下冷却液温度传感器插接头

（2）拔出冷却液温度传感器插销，如图8-44所示。

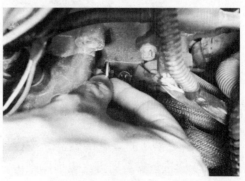

图8-44 拔出冷却液温度传感器插销

（3）取出冷却液温度传感器，如图8-45所示。

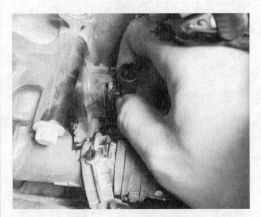

图8-45 取出冷却液温度传感器

（4）更换新的冷却液温度传感器，按拆卸的相反步骤进行安装即可。安装好之后按规定要求加注冷却液。

八、更换爆震传感器

更换爆震传感器之前先断开点火开关，拆下蓄电池负极接线。

（1）拔下爆震传感器插接头，如图8-46所示。

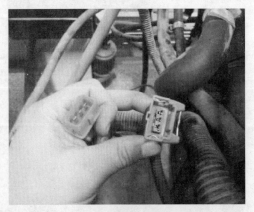

图8-46 拔下爆震传感器插接头

（2）用14号套筒拆下爆震传感器，如图8-47、图8-48所示。

图8-47 拆下爆震传感器

图8-48 爆震传感器

（3）更换新的爆震传感器，按拆卸的相反步骤进行安装即可。更换爆震传感器可能需要拆卸许多其他零部件。

九、更换喷油器

更换喷油器之前先断开点火开关，拆下蓄电池负极接线，并释放燃油供给系统的燃油压力。

（1）拆下曲轴箱强制通风管，如图8-49、图8-50所示。

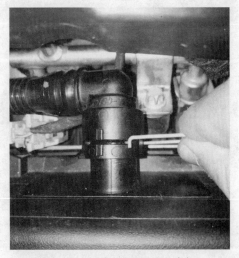

图8-49 拆下曲轴箱强制通风管卡扣

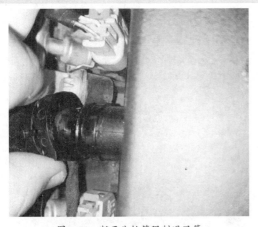

图8-50　断开曲轴箱强制通风管

（2）断开喷油器线束连插接头，如图8-51所示。

图8-51　断开喷油器线束连插接头

（3）拆下喷油器燃油分配管的搭铁端螺栓，如图8-52所示。

图8-52　拆下喷油器燃油分配管的搭铁端螺栓

（4）拆下喷油器燃油分配管的固定螺栓，如图8-53所示。

图8-53　拆下喷油器燃油分配管固定螺栓

（5）取下喷油器燃油分配管总成，如图8-54所示。

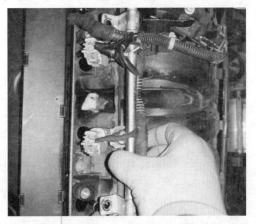

图8-54　取下喷油器燃油分配管总成

（6）拔下喷油器与燃油分配管之间的插销，拔下喷油器插接头，如图8-55和图8-56所示。

图8-55　拔下喷油器与燃油分配管之间的插销

点火开关，拆下蓄电池负极接线。

（1）拔下蒸发排放吹洗电磁阀的插接头，如图8-58所示。

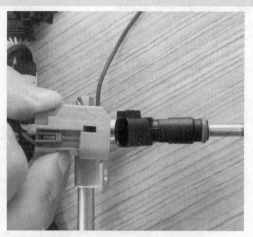

图8-56 拔下喷油器插接头

（7）断开喷油器，如图8-57所示。

图8-58 拔下蒸发排放吹洗电磁阀的插接头

（2）拔下蒸发排放吹洗电磁阀的进出口软管，如图8-59、图8-60所示。

图8-57 断开喷油器

（8）更换新的喷油器，按拆卸的相反步骤进行安装即可。

十 更换节气门控制组件（节气门体）

由于一般都更换节气门体总成，所以更换节气门控制组件（节气门体）的步骤与更换节气门位置传感器相同，参照节气门位置传感器的更换。

十一 更换蒸发排放吹洗电磁阀

更换蒸发排放吹洗电磁阀之前先断开

图8-59 拔下蒸发排放吹洗电磁阀的进口软管

图8-60 拔下蒸发排放吹洗电磁阀的出口软管

（3）更换新的活性炭罐电磁阀，按拆卸的相反步骤进行安装即可。

任务 3 故障码的读取与清除

一、连接KT600故障诊断仪

连接KT600故障诊断仪,并打开点火开关,必要时可起动发动机进行读取故障码。

(1)连接KT600故障诊断仪数据线及OBDⅡ接口,如图8-61、图8-62所示。

图8-61 连接OBDⅡ接口

图8-62 连接KT600故障诊断仪

(2)将KT600故障诊断仪接到科鲁兹轿车的诊断接口,如图8-63所示。

图8-63 连接科鲁兹轿车诊断接口

(3)使用车钥匙打开车辆点火开关(ON位置),如图8-64所示。

图8-64 打开车辆点火开关

(4)打开KT600主机电源开关,如图8-65所示。

图8-65 打开KT600电源开关

二、读取故障码

进入KT600故障诊断仪功能菜单，按上下选择键进行功能选择，按【ENTER】键进入所选功能菜单，按【EXIT】返回上一个功能菜单。

（1）选择【普通模式】，并按下中间的确认键【ENTER】，如图8-66、图8-67所示。

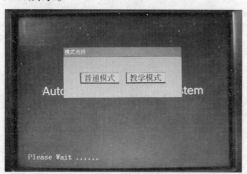

图8-66 进入【普通模式】

图8-67 进入【汽车诊断】

（2）选择中国车系【通用】，并按下中间的确认键【ENTER】，如图8-68所示。

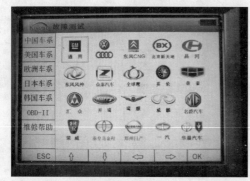

图8-68 进入【通用】

（3）选择【2014】年款，如图8-69所示。

图8-69 进入【2014】

（4）选择【雪佛兰】生产商，如图8-70所示。

图8-70 进入【雪佛兰】

（5）选择【科鲁兹】车型，如图8-71所示。

图8-71 进入【科鲁兹】

（6）选择【发动机控制模块】，如图8-72所示。

（7）选择【1.6L L4 LDE】，如图8-73所示。

图8-72 进入【发动机控制模块】

图8-73 进入【1.6L L4 LDE】

（8）选择【自动】变速器类型，如图8-74所示。

图8-74 进入【自动】

（9）选择【读取故障码】，如图8-75所示。

（10）选择【DTC显示屏】，如图8-76所示。

（11）KT600显示故障码，如图8-77所示。

图8-75 进入【读取故障码】

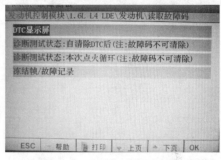

图8-76 进入【DTC显示屏】

图8-77 故障码

三 清除故障码

当故障被排除后，通过KT600故障诊断仪进行故障码的清除，按读取故障码的步骤（1）（2）（3）（4）（5）（6）（7）（8）进行操作后，选择【清除故障码】即可清除故障码，如图8-78~图8-80所示。

图8-78 进入【清除故障码】

图8-79　执行【清除故障码】　　　　图8-80　故障码清除之后显示系统正常

任务 4 节气门的清洗

本项目以科鲁兹轿车为实训车辆，发动机控制模块根据加速踏板位置传感器的输入确定驾驶人的意图，然后根据节气门位置传感器计算相应的节气门响应量。发动机控制模块向节气门执行器控制电动机的控制电路施加可变的电压，以控制节气门。发动机控制模块监测激活节气门所需的占空比。发动机控制模块监测节气门位置传感器1和2，以确定节气门的实际位置。

汽车行驶一段时间和里程后，节气门阀片背面可能堆积沉积物。沉积物来自于废气。这些沉积物一般不会引起故障。偶尔沉积物会堆积到一定程度使踏板或节气门的运动受到阻碍。

一、拆卸节气门

拆卸节气门体之前，要先关闭点火开关，拆下蓄电池负极接线，放出发动机冷却液。

（1）用一字螺丝刀拆下节气门体与进气管的卡箍连接螺钉，如图8-81所示。

图8-81 拆下节气门位置传感器插接口

（2）取下进气管，如图8-82所示。

图8-82 取下进气管

（3）拆下节气门位置传感器接插头，如图8-83所示。

图8-83 拆下节气门位置传感器接插头

（4）拆下连接汽缸盖罩的通风管，如图8-84所示。

图8-84 拆卸通风管

（5）断开节气门体加热器出口管和进口管，将接液盘置于下面，如图8-85、图8-86所示。

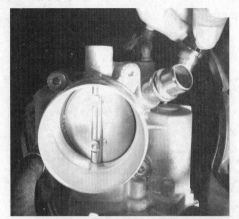

图8-85 断开节气门体加热器出口管

图8-86 断开节气门体加热器出口管

（6）用内花键套筒对角拆下固定节气门体的四个螺栓，如图8-87、图8-88所示。

图8-87 拆下节气门体连接螺栓

图8-88 取下节气门体

二 清洗节气门

（1）使用化油器清洗剂清洗节气门，如图8-89、图8-90所示。

图8-89 将化油器清洗剂喷在节气门进气侧

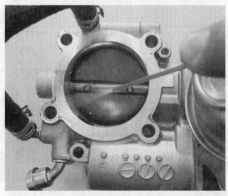

图8-90 将化油器清洗剂喷在节气门出气侧

（2）用干净的抹布反复擦拭有污垢的节气门表面及通道，如图8-91、图8-92所示。

图8-91 用抹布清洁节气门体进气通道
（进气门前）

图8-92 用抹布清洁节气门体进气通道
（进气门后）

（3）清洁节气门，如图8-93所示。

图8-93 用抹布清洁节气门

重复清洗步骤，直到清洁干净。

三 安装节气门体

按照拆卸节气门体的相反步骤安装好即可。

四 节气门复位

发动机控制模块读入通过节气门体的空气流量，以确保正确的怠速运转。读入气流值存储在发动机控制模块中。读入这些值是为了适应产品变化，并将在车辆寿命期间内继续读入以补偿节气门体焦化导致的空气流的减少。节气门体空气流量变化时，例如由于清洁或更换，这些值必须重新读入。

当节气门体清洁或更换后须执行复位程序。点火开关置于"打开"位置，关闭发动机，使用故障诊断仪，并执行"模块设置"中的"怠速读入复位"。起动发动机，并监测"节气门怠速空气流量补偿"参数。节气门怠速空气流补偿值应该等于0%，发动机应该以一个正常的怠速速度怠速运转。

使用KT600故障诊断仪执行节气门/怠速读入程序。操作步骤请首先参照任务三故障码的读取与清除，KT600故障诊断仪连接以及故障码的读取的第一步到第八步，直到选择【匹配/设置】功能菜单，并确认。以后请按以下步骤进行。

（1）选择【匹配/设置】功能菜单，如图8-94所示。

图8-94 进入【匹配/设置】

（2）选择【复位功能】【怠速学习】，如图8-95、图8-96所示。

（3）进行节气门的怠速学习，如图8-97所示。

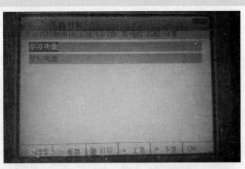

图8-95　进入【学习功能】

图8-97　按【学习】

图8-96　进入【怠速学习】

（4）节气门设定好之后，按【EXIT】退出系统，关闭点火开关，整理仪器，清洁设备场地，完成任务。

参 考 文 献

［1］ 吴建华.汽车发动机原理［M］.北京：机械工业出版社，2013.
［2］ 王建昕，帅石金.汽车发动机原理［M］.北京：清华大学出版社，2015.
［3］ 张敏.汽车发动机机械系统检修［M］.北京：机械工业出版社，2017.
［4］ 王维先.汽车发动机构造与维修［M］.北京：机械工业出版社，2017.
［5］ 许平，叶文涛.汽车发动机装配工艺［M］.北京：人民交通出版社股份有限公司，2017.
［6］ 陈家瑞.汽车构造［M］.北京：机械工业出版社，2015.
［7］ 梁精明.汽车电控发动机构造与维修［M］.北京：人民邮电出版社，2014.
［8］ 秦会斌.汽车检测与维修技术［M］.北京：机械工业出版社，2013.
［9］ 付百学.汽车电控技术［M］.北京：机械工业出版社，2014.
［10］上汽通用汽车销售有限公司.2013款雪佛兰科鲁兹维修手册.上海：电子手册，2012.